미래진로 교육시리즈 1

실감미디어 시대의
통일교육

교육문제연구소 지음

박영story

발간사

4차 산업혁명과 디지털 전환시대가 시작되면서 우리 사회는 모든 영역에 걸쳐 혁신적인 변화를 추구하고 있다. 새로운 기술의 발달로 인하여 우리의 생활이 바뀌고 있으며, 새로운 직업이 등장함에 따라서 미래 진로교육의 방향도 새롭게 전환되고 있는 실정이다. 이러한 직업세계의 변화는 진로교육의 방법 및 내용에 대한 변화를 필요로 하고 있다. 디지털전환 시대를 맞아서 청소년을 위한 미래 진로지도의 필요성과 중요성은 더욱 강조되고 있다. 디지털전환과 같이 우리 생활에 직접적인 영향을 미치는 요인들이 가시화되면서 직업변화 및 잠재력의 변화는 더욱 커질 것이다.

이러한 사회 변화 속에서 우리는 청소년의 진로교육을 생각할 때, 한반도의 통일과 평화시대에 대한 기대를 함께 고려해야 한다. 사회의 혁신적인 변화 속에서 청소년을 위한 진로교육을 실시할 때, 한반도의 통일 및 평화시대의 도래 과정을 함께 고려해야 한다는 과제를 안고 있다. 통일과 평화시대에 대한 청소년의 관심은 날로 줄어들고 있다. 교육부와 통일부가 실시한 2019년 학생과 교사들의 북한 및 통일에 대한 인식 실태를 살펴보면, '북한(정권)에 대한 생각'이라는 질문에 대해서 '협력'이라고 응답한 비율은 43.8%로 절반도 되지 않는 것으로 나타났다. 이런 조사 결과에서 나타난 바와 같이 우리 청소년들이 민족적인 통일 및 평화

시대를 받아들일 준비가 되어있는가를 고민하지 않을 수 없다. 오히려 통일 및 평화의 시대에 대해서 부정적인 인식이 팽배하고 있는 실정이기 때문이다. 통일이 이루어지고 평화시대가 도래할 것을 고려해보면, 앞으로 한반도를 이끌어나갈 존재는 청소년이기 때문에 청소년의 시각에서 적절한 통일교육을 시행하는 것이 중요하다. 그러나 현재 청소년을 위한 통일교육은 도덕교과에서만 다뤄지고 있을 뿐이며, 실질적인 미래 사회의 주요 사안으로 인식되지 않는 경향이 강하다.

이러한 경향과 달리 한반도의 특수한 상황을 고려해 본다면, 통일과 평화시대에 대한 고려는 매우 중요하다. 특히, 청소년의 미래를 준비하는 진로교육은 우리 사회 전반의 변화의 방향을 고려해야 하기 때문에 통일과 평화시대에 대한 고려는 잊지 말아야 할 기본적인 요인이라고 볼 수 있다. 청소년들과 학부모들은 미래의 직업에 대한 많은 관심을 갖고 있다. 마찬가지로 통일문제와 관련해서도 통일 이후 각광받을 직업에 대한 관심이 높아지고 있다. 따라서 4차 산업혁명을 대비하고 동시에 한반도 통일을 대비하기 위해서는 진로역량 강화를 위한 직업체험 또는 통일시대를 대비한 직업체험 프로그램이 필요하다.

이 책에서는 새로운 사회적인 기술변화의 관점에서 통일교육에 대한 새로운 방법을 제시하고자 한다. 최근 통일 문제에 대한 청소년들의 관심을 끌고 이해를 돕기 위해 구체적으로 진행되고 있는 프로그램으로 통일 토론, 통일 노랫말 가사 개사, 통일 캠프 참가, 탈북강사 초청 특강 계획, 북한이탈 청소년과의 토크쇼, DMZ 또는 통일 전망대 견학, 통일 소원지 작성과 같은 프로그램의 내용에는 북한 주민의 생활, 말, 음식, 역사를 이해하는 내용들이 주로 담겨 있다. 그런데 이런 교육방법이 한 번도 접해 보지 못한 북한이라는 새로운 사회환경을 막연히 알려주는 방식으로 진행되고 있다는 것이 큰 문제이다. 미래 진로를 위한 청소년 교육이 성공적으로 운영되기 위해서는 급속하게 변화하는 시대환경에 부응할 수 있어야 한다. 통일 및 평화교육도 새로운 기술변혁을 적용한 관점에서 새롭게 적용 가능한 방법을 고려할 필요가 있다.

전남대학교 교육문제연구소 소장

류지헌

서문

21세기 초 한반도에서는 이중변혁 상황이 도래할 수 있음을 경험하였다. 알파고와 다보스포럼을 신호탄으로 한 4차 산업혁명 시대의 도래라는 인류사적 변화와 함께 평화·통일시대에 대한 상상을 논하는 민족적 변화가 전망된 것이다. 이러한 이중적 변혁은 "무엇을 할 것인가?"라는 당연한 질문을 사람들에게 던져주었다. 이는 특히 다음 세대를 살아갈 미래세대에게 직접적인 질문이 되고 있는데, 이들의 삶에 있어서 다양한 불확실성이 출연할 것임이 명백해졌기 때문이다.

4차 산업혁명에 대한 논의 초기에 변혁의 진폭은 예상하기 어려운 것이었다. 개념 정의와 향후 발전 산업, 개인에 대한 교육, 직업세계 등 다양한 분야에서 물음표를 던지게 만들었기 때문이다. 이는 2020년 현재에도 비슷하나 많은 부분에서 초기보다는 가시성을 보여주고 있다. 디지털 세계와 현실 세계의 통합, 반복적이고 비창조적 직업의 감소, 창의적이고 융합적인 사고 가치의 중요성 대두가 주요하게 드러나고 있는 것이다.

평화·통일 시대는 남북한의 관계와 그를 둘러싼 주변국과의 관계에 따라 만들어져왔다. 1953년에 한국군사정전에 관한 협정이 맺어진 이후 남북의 관계는 지루하지만 조금씩 해빙되어오고 있다. 단기적 관점에서 1~2년을 바라볼 것이 아니라 중·장기적으로 이를 인지할 때 극단적 대립에서 평화를 추구하는 방향으로, 완전한 분열에서 교류와 '하나됨'이 이루어지는 방향으로 나아온 것이다. 이를 생각할 때 평화·통일 시대의 정확한 모습과 시기를 규정하는 것은 어려우나 양자가 상호 균형을 유지하는 가운데 교류와 활동이 자유롭게 이루어질 수 있음을 짐작할 수 있다.

이중변혁 상황에 대한 예측은 자연스레 통일이라는 문제와 4차 산업혁명의 결합이라는 문제로 묶인다. 미래세대에 등장할 큰 변화가 어떠한 영향을 끼칠 것이며, 이 둘을 어떻게 결합하여 소화시킬 것인가라는 문제로 이어지기 때문이다. 이에 대한 방법론으로 통일교육 분야가 주목받는다. 평화·통일시대에 대한 대비와 전망, 교육 활동이 진행될 뿐만 아니라 4차 산업혁명 시대의 핵심기술이 어떻게 융합될 수 있는가를 들여다볼 수 있기 때문이다.

통일교육은 본질적으로 평화·통일시대를 준비하기 위한 교육이라 할 수 있다. 평화·통일 시대가 도래토록 하기 위해서, 혹은 그와 같은 시대가 도래했을 때 어떠한 준비가 되어있어야 하는가에 초점을 맞춘 가치교육인 것이다. 이를 생각할 때 4차 산업혁명의 핵심기술인 실감미디어를 직접적으로 통일교육에 활용할 수 있다. 디지털 환경에 익숙한 미래세대를 대상으로 통일교육과 관련한 정보들을 효율적이고, 즉각적으로 전달함으로써 평화·통일시대를 자신과 분리된 영역의 문제가 아닌 일상의 문제임을 자각하게 하는 것이다.

여기에서 등장하는 실감미디어는 4차 산업혁명 시기의 핵심기술이라 할 수 있다. 실감미디어는 가상의 공간과 현실 공간을 연결하는 과정이자 창으로 데이터화되어 있는 정보가 대중에게 보다 강력한 전달력을 가지고 다가갈 수 있도록 하는 기술이다. 이를 위해서 대중의 몰입도와 이해도를 높일 필요가 있는데 두 영역의 증대는 곧 정보를 전달하고, 이해하는 능력을 높여주기 때문이다. 특히 실감미디어는 이를 위해 인간의 오감 중 가장 중요한 영역인 시각을 활용하는데, 시각을 전체적 혹은 부분적으로 장악함으로써 디지털 세계와 현실 세계를 연결한다.

실감미디어가 지니는 특징은 통일교육에 있어서 일차적으로 보다 효율적이고, 다각적인 형태의 정보제공을 가능하게 해준다는 점이다. 앞서 언급했다시피 실감미디어는 오감 특히 시각을 적극적으로 활용한다. VR의 경우 시야각 전체를 가상현실 정보로 채워 전달하며 AR의 경우 필요한 정보를 즉각적으로 전달하는 모습을 보인다. 결국 일련의 정보 전달과정을 통해 통일교육과 관련된 정보를 대중에게 보다 효율적이고, 직관적으로 전달할 수 있는 것이다.

뿐만 아니라 실감미디어는 초월성을 특징으로 갖는다. 공간과 시간에 따른 제약을 디지털정보를 통하여 극복해내는 것이다. 모든 인간은 시간적, 공간적 한계를 지니게 된다. 시·공을 초월하여 어떤 대상을 경험할 수는 없는 것이다. 그러나 실감미디어는 시·공을 초월한 정보를 경험자에게 생생하게 전달하는 것을 목표로 한다. 가상 세계에 구현된 공간과 사건을 대중에게 전달하는 것이다. 이를 통해 대중은 자신이 겪을 수 없었던 혹은 갈 수 없었던 시간과 공간에 스스로를 위치시킬 수 있고, 이를 통해 보다 직관적으로 정보를 체득할 수 있게 된다.

기실 전통시대에 '미래'란 종종 '예상 가능한 것'이었다. 예를 들어 많은 사람들의 직업은 고정되어 있었고, 부모나 주변인의 직업을 승계하는 것이 당연하게 여겨졌다. 비록 산업혁명을 거치면서 직업에 대한 선택폭은 광범위하게 확장되었으나, 직업 선택의 기준과 개별 직업의 미래에 대해서는 '예측 가능한' 범위를 넘어서지 않았다. 그러나 미래세대에게 있어서 직업선택과 진로에 관한 논의의 폭은 크게 확장될 것이며, 서두에 언급한 이중 변혁상황은 더 많은 모호성을 제시할 것이다.

이 책에서 다루는 실감미디어의 통일교육에 대한 적용은 일차적으로는 4차 산업혁명 시대에 발맞춰 새로운 형태의 통일교육 방법론을 제시하는 것이고, 이차적으로는 이중 변화 시대를 위한 새로운 형태의 가치교육의 가능성을 제시하는 것이라 할 수 있다.

대표저자 오종현

목차

PART
01
평화통일세대를 위한 준비

제1장
평화통일세대의 개념

강구섭(전남대학교)

챕터 개요

해방 이후부터 계속되고 있는 남북 간의 갈등은 전체 사회뿐 아니라 개인의 삶에 심각한 영향을 미쳤다. 남북한 및 국내·외 상황의 영향으로 형성된 남북한의 적대적 관계는 1980년대 말 사회주의 체제가 붕괴되고 1990년대 초반부터 남북한의 교류가 시작되면서 다소 완화되었지만, 여전히 사회 전체에 심대한 영향을 미쳤다. 2000년대 이후부터 지속해서 실행되었던 교류와 협력을 통해 갈등과 대립을 청산하고 남북한의 평화를 정착시키는 것이 중요한 과제로 제시되고 있다. 이러한 상황에서 청소년들이 미래 사회 및 통일 문제에 대한 이해를 기반으로 평화통일 시대를 준비할 수 있도록 다방면에서 노력을 기울이는 것이 필요하다.

1. 평화통일시대와 청소년

가. 갈등의 시대에서 평화통일 시대로의 변천

1 해방, 전쟁 이후 남북한의 갈등

해방 이후 한국 사회는 산업화 시대, 민주화 시대, 정보화 시대를 거치며 빠르게 발전하였다. 일제의 강점에서 해방된 한반도는 2차 세계대전 이후 형성된 세계적인 냉전의 직접적인 영향을 받았다. 해방 후 직면한 분단 위기의 상황에서 남북한은 협상을 통해 분단을 막고 하나의 국가를 이루고자 하였다. 그러나 주변 정세의 영향과 내부의 갈등으로 단일국가를 이루고자 하는 시도는 실패하였다(한국정치연구회, 1993, 127). 이로 인해 남북은 각각 민주주의와 사회주의 국가로 분단되었고, 자유주의 진영과 사회주의 진영 간의 갈등이 지속되었던 국제 정세의 영향 속에서 남과 북 사이에는 건국 초기부터 극심한 적대적 관계가 형성되었다(한국정치연구회, 1993, 130). 이러한 상황에서 남한 정부는 평화통일이 아닌 북진통일을 주장하며 북한에 대한 대결적 입장을 취하였고, 북한 또한 사회주의 혁명을 통한 통일을 주장하면서 남한에 대한 적대적 입장을 유지하였다(강준만, 2004, 25). 결과적으로 남북한 사이에는 해방 이후부터 계속 긴장과 갈등의 상황이 이어졌다.

해방 이후 얼마 지나지 않아 남과 북이 경험한 6.25 전쟁은 정치, 경제, 사회, 문화 등의 사회 전체 영역에 큰 영향을 미쳤다. 3년에 걸쳐 지속된 전쟁은 양측에 큰 재산피해를 가져왔을 뿐 아니라 수십만의 인명피해를 가져와 한반도 전체를 물리적으로, 정신적으로 폐허 상태로 만들었다. 6.25 전쟁 이후 남한에서는 국가 체제 유지가 국가의 핵심적인 과제로 인식되면서 이를 위협하는 북한에 대한 반공 의식 고취가 강조되었다. 이렇게 형성된 북한에 대한 적대 의식은 전후 남한 사회 형성에 큰 영향을 미쳤고, 북한과의 체제 경쟁에서 승리하는 것이 사회 각 영역의 중요한 과제로 강조되었다.

전쟁 이후 빈번히 발생했던 북한의 국지적 도발, 청와대 습격 사건, 무장공비 침투 등의 사건은 남한 사회에서 북한에 대한 적대적 입장이 계속 강화되는 원인으로 작용하였다(한국정치연구회, 1993, 221). 다른 한편, 이러한 남북 간의 적대적 관계 상황은 남북한 정치권력이 상대방에 대한 적대의식 강화를 통해 내부 통합을 꾀함으로써 정치권력의 정당성을 확보하는 도구로 적극 활용되었다. 결과적으로 남한에서는 반공을 지향하는 정권의 통치 기반을 강화하는 결과를 가져왔고 북한에서도 체제 수호를 위한 군사비 지출이 확대되는 등 남북한 간의 군사적 갈등과 긴장, 더 나아가 도발적 충돌이 지속적으로 발생하는 결과를 가져왔다(한국정치연구회, 1993, 227).

전쟁 자체의 참혹성, 파괴성은 남한 사회 및 개인에게 전쟁에 대한 심리적 공포를 내면화하는 기제로 작용하였다. 이러한 동족상전의 비극은 전쟁을 일으킨 직접 당사자인 북한에 대한 객관적 이해보다 적개심을 유발하도록 기능함으로써, 북한에 대한 적대감을 확산시켰다(장상환 외, 1994, 256). 결과적으로 전쟁의 경험은 남한 사회에서 북한에 대한 강한 적대의식에 기반한 반공 이데올로기가 정당성을 가질 수 있게 하는 원천을 제공하였다. 이러한 북한과의 이데올로기적 갈등 상황은 평화와 안보를 남한의 안전과 관련된 최우선적 가치로 인식하게 하는 계기로 작용하였다.

북한과의 적대적 관계가 지속되고 도발적 사건이 계속 발생하는 상황에서 북한에 대한 적대 의식은 정치, 경제, 사회 등 사회 전체 영역에서 큰 영향을 미쳤다. 이에 자유와 평화 수호의 목적으로 교육, 사회, 문화 등의 전체 사회 분야에서 반공의식 고취가 중요한 과제로 강조되었다. 전체적으로 사회가 권위적이고 경직된 분위기에서 운영되는 가운데 개인의 자유와 권리가 제한되었다.

2 국제적 냉전 완화에 따른 화해, 적대적 관계

1970년대 이후 국제 정세가 냉전 완화의 분위기로 바뀌면서 남한 또한 북한과의 관계 개선에 대한 유무형의 요구에 직면하였다. 즉, 미국이 주도한 데탕트에 의해 국제정세가 변화하였고, 닉슨의 중국 방문과 모스크바 정상회담이 이뤄지는 등 국제 정세가 변화하였다. 미중 화해 분위기에 힘입어 중국과 일본의 외교관계가 수립되면서 아시아의 상황도 함께 변화하였다(한국정치연구회, 1993, 279). 이러한 국제 정세의 변화 상황에 부응하기 위해 남북한 간에 접촉이 이뤄졌고 이로써 남북 간의 7.4 공동성명이 체결되었다. 이를 통해 남북한 간에 화해와 협력을 위한 관계의 개선이 시도되었다(한국정치연구회, 1993, 279). 그러나 국제 정세가 변화하였다고 해서 전쟁 이후 적대적 관계를 유지하던 남북한이 가지고 있는 상대방에 대한 인식이 변화하거나 통일에 대한 전망이 일시에 긍정적으로 변화될 수는 없었다. 결과적으로 7.4 공동성명 발표 후 양측 간에 공표한 공동선언의 실행을 위한 협상이 이뤄졌지만, 공동성명 문안에 대한 해석의 차이를 비롯한 입장 차이가 극명하게 드러나며 협상에서 큰 진전을 이루지 못했다. 즉, 체제변화나 정책변화에 기인한 것이 아니라 주변 정세의 변화에 따라 타율적으로 이뤄진 협상은 실질적인 관계 개선을 가져오지 못했고, 결과적으로 1970년대 이후에도 남북한 간에는 적대적인 긴장 관계가 계속 지속되었다. 또한 협상 이후 양측은 내부적인 권력 강화를 위해 헌법 개정을 통한 체제개편을 단행하는 등 상대방에 대한 적대적 입장을 계속 유지하였다(한국정치연구회, 1993, 286).

전후 추진되었던 일련의 경제 개발 계획이 결실을 거두면서 1980년대 이후 남한 사회는 빠른 경제 성장을 거두었고 사회가 점차 안정을 찾아갔다. 이러한 빠른 경제적인 성장에 바탕을 둔 산업화가 성과를 거두기 시작한 1980년대에 들어서면서, 남한은 점차 북한에 대한 경제적 우위를 점하기 시작하였다. 북한 또한 전후 상황을 극복하고 경제개발 계획을 통해 산업 분야의 생산력을 회복하였다. 이처럼 전쟁 이후 1980년대에 접어들면서 남북한이 점차 안정을 찾아가기 시작했지만 양측 간의 적대적 관계는 계속 유지되었고 대결적 갈등이 지속되었다.

1980년대 말 남한에서는 경제적 성장과 함께 정치적 민주화가 진전을 이루면서 권위주의 체제가 약화되었다. 이러한 상황에서 적대적인 남북 관계 상황에 대한 비판이 제기되었고 사회 일각에서 남북한 관계의 개선에 대한 요구가 생겨났다. 특히, 1980년대 말 소련을 비롯한 공산주의 국가가 몰락하고 동구권의 자유화 물결이 일어나면서 전 세계적으로 냉전이 해체되는 상황이 발생하였다. 이러한 상황은 동북아 정세에도 영향을 미쳤고 중국 등 주변국과의 관계 개선을 위해 남북한 간의 적대적 대결과 갈등 상황을 대화와 협상의 관계로 바꾸는 것이 요구되는 상황에 직면하였다(한국정치연구회, 1993, 259). 이러한 상황에서 과거 적대적 관계에서 비판적으로 북한을 평가하던 관점에서, 민족 동질성 측면에서 북한을 인식하는 관점이 생겨나기 시작하였다. 이는 국제적인 변화 상황에서 지구상에 얼마 남지 않은 분단국가인 우리에게 분단 극복의 필요성을 인식하는 계기로 작용하였고, 이러한 상황에서 분단, 통일 문제에 대한 사회적 논의의 요구가 크게 증가하였다.

3 교류 협력의 시작

국내외 정세 변화의 상황에서 1990년대 초반부터 남북한 고위 당국자의 교차 방문을 통한 협의가 이뤄졌고 이를 통해 남북한 유엔 동시 가입, 남북 기본합의서 도출 등 남북한 간 관계의 개선이 이뤄졌다. 1991년 남북한 간에 체결된 남북한 기본합의서는 남북한 당국 간의 공식적인 협의와 합의를 통해 도출된 결과라는 측면에서 중요한 의미를 가지고 있으며 이를 통해 양측의 평화적인 관계 형성 및 통일을 위한 토대가 되었다. 이러한 기반하에 남북의 교류 협력이 추진되었고 예술, 체육 등 문화

예술 분야의 교류가 이뤄졌다(한국정치연구회, 1993, 267). 이처럼 세계적 냉전이 종식되는 상황에서 남북 관계 또한 화해와 협력의 관계로 변화하였다. 그렇지만 수십 년간 지속되어온 냉전의 잔재는 남북한 관계에 계속 영향을 미쳤고, 이는 특히 남한 사회에서 북한과의 교류 협력을 둘러싼 남남갈등의 형식으로 표출되었다. 즉, 북한과의 교류 협력이 이뤄지는 과정에서도 오랜 기간 전체 사회에 내면화되어 있는 북한에 대한 적대적 인식이 남한 사회에서 큰 영향을 미쳤다.

1990년대 말, 민주 정부가 집권하여 북한과의 적극적인 관계 개선을 추구하면서 남북한 간에 교류 협력이 크게 증가하였다. 2000년 남북한 정상회담이 추진되었고 6·15남북공동선언과 같은 남북한의 평화와 통일을 위한 합의가 이뤄지는 등 통일에 대한 인식의 공감대가 조금씩 형성되었다(백낙청, 2006, 24). 이처럼 남북한 정상회담과 공동선언 합의를 통해 남북한 관계 개선을 위한 새로운 전기가 마련되었다. 이를 통해 남북한 간에 평화 협력 분위기가 조성되면서 경제, 사회, 문화, 교육 등의 전체 분야로 교류가 확대되었다. 관광 등을 통해 남북한 간의 직접적인 만남이 이뤄지는 등 각 분야의 다양한 교류가 추진되었다. 특히, 장기적 관점에서 상호 관계 발전을 위한 경제 협력이 강조되었고, 이를 통해 남한의 자본과 북한의 인력이 협력하는 개성공단이 신설되어 운영되는 등 남북한 간 지속적인 교류와 협력을 위한 토대가 구축되었다. 이처럼 다양한 분야의 교류 협력이 추진되는 가운데 한반도에서의 평화 정착을 위해 한국 사회 내의 분단 인식 극복이 중요한 과제로 강조되었다(백낙청, 2006, 84).

활발하게 이뤄지던 남북한 교류 협력은 2000년대 후반 남한에서 보수 정부가 집권하고 대북 정책의 기조가 바뀌면서 이전과는 다른 상황에 직면하였다. 북한에 대한 교류 협력보다는 적대적 입장이 강조되면서 남북한

평화와 협력의 상징이었던 개성공단이 폐쇄되는 등 남북 간의 관계가 극
도로 경색되는 상황이 발생하였다. 이후 북핵 문제가 전면에 대두되고 북
미 관계가 극단적 상황에 치달으면서 남북한 간의 관계가 극도로 악화되
었다. 남북한 간의 교류 협력이 중단되면서 양측 정부 중심의 교류 협력이
가지고 있는 한계가 드러났고 중앙단위의 교류 협력을 넘어 다양한 주체
에 의한 협력의 필요성이 강조되었다. 특히, 일회성 중심의 이벤트성 교류
협력을 넘어 지속 가능한 방식의 새로운 접근의 필요성이 제기되었다.

4 평화 정착의 과제

2010년대 중후반, 북한에 대한 교류 협력을 강조하는 새로운 정부가
집권을 시작하고 북한에서는 김정일 사망 이후 김정은 정권이 시작되면
서 새로운 관계 형성을 위한 계기가 마련되었다. 이러한 상황에서 북한
이 평창올림픽에 참여하고 일부 종목에서 남북한 단일팀 구성 등이 이뤄
지면서 남북한 간에 교류 및 협력 분위기가 형성되었다. 이후 남북한 정
상회담이 연이어 성사되면서 남북한의 관계가 급격히 개선되었다. 남북한
간에 문화 예술 교류가 이어지고 군사, 경제, 교통 등 다양한 분야에서
교류 협력이 적극적으로 모색되었다. 다른 한편, 남북한 간의 경제적, 문
화적 차이에 대한 인식이 늘어나면서 양측의 차이를 도외시한 통일이 아
닌 서로를 존중하는 가운데 평화롭게 공존하는 관계 형성의 필요성이 강
조되었다. 즉, 통일 자체를 목적으로 하는 급격하고 인위적인 변화를 추
구하기보다 양측이 평화적 관계를 유지하며 공존공영할 수 있는 여건을
갖춘 평화로운 한반도를 만드는 것이 강조되었다. 이를 통해 한반도의
평화를 정착시키고 장기적 관점에서 통일을 추구하는 방향으로 남북 관
계의 기조가 변화하였다. 이를 위해 남북한의 지속 가능한 교류 협력을

위한 여건 조성이 중요하게 강조되었다. 다른 한편, 2010년대 후반, 한반도를 둘러싼 외부 정세 즉, 북미 간의 협상이 난항을 겪으면서 그 영향으로 남북 관계가 진척을 거두지 못하고 답보 상태에 직면해 있다.

종합하면, 남한 사회는 전후 폐허의 상황을 극복하고 산업화에 성공함으로써 빈곤 문제를 해결하고 국제기구의 원조를 받는 나라에서 원조를 하는 나라로 탈바꿈하였다. 또한 1960-70년대의 정치적 혼란기를 극복하고 민주화에 성공하여 계속 발전하고 있다. 반면 분단 70년이 경과한 상황에서 해방 이후 지속된 분단 문제는 계속 극복되지 못한 채 국가 사회적 과제로 남아 있다. 해방 이후 냉전, 반공시기와 평화, 화해 시기가 계속 교차하는 가운데 남북한의 관계는 대외 상황, 남한 정권의 대북 입장, 북한의 정책에 따라 계속 냉온을 교차하며 변화했다. 이러한 상황은 남북한 간의 평화 정착에 부정적 요인으로 작용하고 있다. 정부의 북한에 대한 입장, 대응, 정책과 무관하게 남북한 간의 평화와 협력의 관계가 지속해서 유지될 수 있도록 신뢰 관계를 형성하는 것이 매우 중요하다. 이를 통해 남북한의 평화와 통일을 위한 사회적 토대를 구축하는 것이 필요하다. 분단 문제는 남한의 발전을 제약하는 원인이면서 동북아 정세에 위협을 가져오는 요인으로 작용하고 있다. 이에 남북한 문제이자 동시에 국제 문제로서의 분단 문제에 대한 이해를 기반으로 평화의 중요성을 인식하고 평화에 기반한 통일을 이룩하는 데 필요한 내적 역량을 갖춰 나가는 것이 필요하다.

나. 평화세대로서 청소년

1 청소년의 정의와 특성

우리나라에서 청소년이라는 단어는 1960년대에 처음으로 사용되었는데, 청소년을 규정하는 법령이나 규범에 따라 청소년의 범위와 개념을 상이하게 규정하고 있다. 청소년(靑少年)의 권리와 책임 및 가정, 사회 등의 청소년에 대한 책임의 기본 사항을 제시하고 있는 청소년기본법에서는 9~24세 이하의 사람을 청소년으로 정의한다. 이에 청소년기본법에 의하면 청소년은 초등학교 저학년 학생부터 대학생에 해당하는 즉, 어린이와 성년의 중간 시기에 있는 사람을 의미한다고 볼 수 있다. 다른 한편, 청소년의 보호와 구제를 위한 목적으로 시행되고 있는 청소년보호법은 청소년을 19세 미만의 사람으로 정의하고 있다. 이에 따르면 청소년은 일반적으로 고등학교 이하 유초중등학교에 재학하는 연령대의 사람을 의미한다고 볼 수 있다. 이처럼 청소년의 개념은 권리와 책임, 보호 등 청소년에 대한 입장에 따라 상이한 관점을 취하고 있다는 것을 알 수 있다. 청소년의 정의에서 살펴볼 수 있는 것처럼 청소년기는 생애발달의 측면에서 정서적, 신체적으로 급격한 발달이 이뤄지는 가운데 개인의 삶을 영위하는 데 필요한 다양한 삶의 과제를 본격적으로 수행하는 시기를 의미한다. 즉, 신체적 정신적 발달에 기반해 주체적 삶을 위해 요구되는 다양한 과제를 수행하는 가운데 자신의 세계관과 가치관을 형성하는 시기로서, 이전 시기 혹은 이후 시기와는 상이한 특성을 나타내는 시기라고 할 수 있다.

청소년기는 아동의 특성과 성인의 특성을 부분적으로 가지고 있으면서 양자 어느 쪽에서 속하지 않은 과도기적 특성을 가지고 있다(한상철, 2004, 27). 심리적 측면에서 청소년기는 자아정체감이 형성되는 시기라고 할 수 있다. 즉, 유아기 혹은 아동기를 거쳐, 자신에 대한 지각과 평가, 타인의 객관적인 판단 또는 평가에 근거하여 자신에 대한 정체감이 형성되는 시기이다. 이러한 과정에서 자신의 가치 및 사고에 관심을 가지게 되며, 자아의식과 자기성찰의 과정에서 현실적 자아와 이상적 자아 간의 차이를 경험한다(한국청소년개발원, 2004, 209~210). 이러한 신체적 · 정신적 변화의 상황에서 청소년은 급격한 심리적 긴장과 불안을 경험하는 가운데 기존 세대와 차별화된 독립적 태도를 취하려는 경향을 나타낸다(한상철, 2004, 32). 이러한 경향은 사회에서 일반적으로 자리 잡고 있는 권위주의적인 관행과 질서에 대한 저항의 형식으로 나타나면서 청소년 개인의 일탈로 해석되기도 하였다. 이처럼 청소년은 빠르게 변화하는 신체적 · 정신적 상황에서 불확실성을 경험하고, 환경 및 개인 삶의 변화 과정에서 불안을 경험한다. 과업 측면에서 청소년기는 학업, 진로 등과 같이 성인기의 삶을 준비하는 데 필요한 다양한 과제를 가지고 있다. 이에 청소년 세대가 가지고 있는 특성에 대한 인정과 고려가 이뤄지지 않고, 주체로 인정받기보다 훈육이나 교육의 대상으로 인식되는 것에 대한 강한 부정적 인식을 가지고 있다(한상철, 2004, 28).

2 청소년 세대별 상이한 경험

청소년들은 성장하는 환경에서 이전의 청소년 세대와는 다른 경험을 하게 된다. 즉, 사회적 환경과 상황의 차이에 따른 생활 방식의 차이는 세대별로 상이한 청소년기의 경험을 가지게 한다. 결과적으로 청소년들은 성장하는 시대의 환경 특성에 따라 상이한 특성을 가지고 있다(한국청소년개발원, 2004, 306).

청소년이라는 세대 구분이 시작된 1960년대의 청소년들은 제도교육을 받고 있는 중고등학생으로서, 하나의 인격체로서 그들의 문화를 인정받기보다 교사를 비롯한 권위자의 통제와 지도를 받는 대상으로 인식되는 것이 일반적이었다(한국청소년개발원, 2004, 50). 즉, 기존의 사회 질서와 요구에 순응하는 것이 당연시되었고, 그렇지 않은 경우 부적응의 관점에서 문제 학생, 불량 학생으로 낙인찍히고 그에 따른 차별적 대우를 받았다. 이러한 상황은 권위주의적인 사회 분위기가 팽배해 있던 1980년대까지 계속 이어졌다. 이에 학교를 비롯한 사회 전체에서 청소년에 대한 교육 또한 권위주의적인 방식으로 이뤄졌다. 청소년에 대한 교육에서 도덕과 규율이 강조되었고, 학교와 사회에서 제시되는 규율과 질서에 순응하는 것이 모범적인 학생의 전형으로 여겨졌다.

1990년대로 들어오며 사회적으로 정치적 민주화가 진전되며 사회 전반에 사회의 자유화 경향이 나타났다. 사회 전반을 강하게 지배하고 있던 사회적 전통적 가치의 영향이 줄어들면서 권위주의적 경향도 약화되는 결과를 가져왔다. 이러한 사회의 전반적 변화 상황에서 개인의 자유와 권리에 대한 인식이 확대되었고, 청소년에 대한 인식에도 변화가 생겼다. 이러한 기존의 사회적 가치 및 권위의 약화 상황은 교육 및 학교에도 영향을 미쳐, 학교 붕괴, 교실 붕괴 등의 상황으로 나타났다. 이러한 가운데 청소년을 훈육과 규율의 대상으로 여기던 기존의 입장에서, 청소년 세대가 가지고 있는 특성을 인정하고 적극적으로 고려하는 가운데 하나의 인격체로 존중하는 방식으로 청소년 세대에 대한 관점이 변화하였다. 즉, 권위주의적 사회 및 학교 환경에서 교육의 수동적인 대상으로 인식되었던 청소년을 자신의 삶을 자주적으로 주도하는 주체로서 인식하는 분위기가 형성되었다. 이처럼 청소년의 특성과 개성을 적극적으로 존중하고 인정하는 분위기가 형성되면서 청소년에 대한 이해, 교육 및 훈육의 방식도 변화하였다.

다른 한편, 산업화에 따른 경제 성장과 함께 물질적 환경이 개선되면서 청소년은 사회에서 적극적인 소비의 계층으로 등장했다. 즉, 1990년대 경제가 빠르게 성장하면서 시장과 자본의 논리가 큰 영향을 미쳤다. 이러한 상황에 청소년은 자본과 문화를 적극적으로 소비하는 소비의 주체로 부각되었다. 특히, 대중 매체를 비롯한 전자 매체의 발달과 함께 청소년은 디지털 매체를 적극적으로 소비하는 소비층이 되었고 이를 통해 대중문화를 적극적으로 주도하고 소비하는 주체로 자리를 잡았다.

1990년 말 이후 사회의 민주화, 개방화가 더욱 진척되면서 청소년은 수동적인 교육 대상자로서의 특성을 넘어 개인의 권리를 적극적으로 인정받고 행위를 하는 주체로서의 특성을 더욱 강하게 가지게 되었다. 또한 대중문화를 수동적으로 수용하는 문화의 소비자에서 벗어나 적극적으로 대중문화를 생산하고 및 소비하는 주체로 인식되었다(한국청소년개발원, 2004, 54). 이러한 상황에서 N세대, X세대와 같은 청소년 세대를 지칭하는 새로운 용어가 등장하였고, 문화를 소비할 뿐 아니라 주체적으로 형성하고 만들어가는 생산자로 역할이 더 확대되었다. 삶과 문화를 성찰하는 가운데 스스로 자신이 누구인가 고민하는 독립적인 주체로서 자신의 정체성을 형성한 존재로 인식되었다.

3 청소년 세대와 평화통일

물질적으로 궁핍하고 권위주의적인 사회 분위기와 환경 속에서 생활하였던 과거의 청소년 세대와는 다르게, 현재의 청소년 세대는 이전 세대와 비교할 때 자유로운 사회 및 가정 분위기에서 개방적으로 생각하고 활동하는 세대로 성장하였다. 특히, IT 기술의 비약적 발달 등에 따라 사회가 빠르게 변화하는 상황에서 사회적 변화 상황에서 요구되는 새로운 삶의 방식에 빠르게 적응하여 새로운 시대에 적합한 세대로 성장하고 있다. 다른 한편 청소년 세대는 급변하는 사회 문화적 상황에서 기존의 세대와는 다른, 그들만의 문화와 가치를 향유하며 새로운 세대로서 삶을 영위하고 있다.

물질주의적 가치가 강한 영향을 미치고 있는 사회에서 공동체가 지향하는 사회적 가치보다는 개인의 물질적 풍요와 만족에 기반한 개인적 가치를 중요시하는 경향을 보이고 있다. 즉, 공동체적 가치와 같은 전통적으로 중요한 의미를 가지고 있던 사회의 가치와 질서를 적극적으로 수용하고 자신의 가치로 내면화하기보다, 1차적으로 자신의 삶의 만족을 중시하는 개인주의적 가치를 추구하는 경향이 강하게 나타나고 있다.

이러한 청소년 세대는 통일과 같은 국가 사회적 과제에 대해 기존 세대와는 다른 입장을 취하고 있다. 즉, 기성세대가 민족적 당위성 측면에서 통일 문제를 중요하게 인식하는 것과 달리, 청소년 세대는 사회적 측면보다는 그것이 자신에게 어떤 영향을 가져올 수 있을 것인가의 관점에서 접근한다. 통일, 한반도 문제에 대해 당위적 측면보다는 통일 문제가 자신의 삶에 실제적으로 어떠한 이익을 가져올 것인가의 관점에서 인식한다(서울대통일평화연구원, 2018, 35). 이러한 관점에서 막대한 경제적 비용이 소요될 것으로 판단되는 통일 방식에 대해서는 부정적 정서를 보이는 경향이 적지 않게 나타나고 있다. 다른 한편, 남북한 간에 상존하는 전쟁 위험성 등으로 인한 스트레스와 불안의 해소라는 현실적인 실리의 측면에서 통일에 대하여 긍정적인 의견을 가지고 있는 것으로 나타난다. 이러한 측면에서 청소년 세대를 대상으로 통일 문제를 다루는 데 있어서 민족 당위성 측면에서 통일의 필요성을 강조하는 것이 아닌, 삶에서의 평화, 통일을 통한 개인의 미래 기회 확대 등의 측면에서 접근하는 것이 필요하다. 또한 기존의 주지주의적 관점에서 벗어나 실제 생활의 경험과 체험에 기반하여 통일, 평화 문제를 다루는 것이 필요하다.

제2장
청소년 시민,
미래 통일시대를 어떻게 준비할까

김병연(양재고등학교)

챕터 개요

통일은 남과 북이 평화롭게 공존하는 가운데 함께 만들어가야 할 미래이다. 통일 미래의 모습은 하나로 고정되어 있지 않다. 이 시대의 시민들이 만들어가야 할 역사다. 청소년은 우리 사회 구성원으로서 어엿한 시민이다. 분단을 극복하고 새롭게 만들어갈 미래는 시민 모두가 마음을 모아 토의하고 결정하며 만들어가야 한다. 남과 북이 새로운 공동체를 만들고 더 나은 삶을 만들기 위해 우리는 민주시민으로서 자신과 타인의 가치를 깨닫고 존중하여야 한다. 평화라는 공동의 목표 아래 남과 북이 함께 협력하며 미래를 준비할 때 진로에 대한 새로운 가능성을 상상하고 만들 수 있다.

1. 생각의 출발선 공유하기

시민으로서 청소년은 미래를 어떻게 준비해야 할까? 그 과정에 남과 북의 관계가 좋아져서 본격적으로 교류가 활성화되는 상황을 새로운 변수로 추가한다면 어떤 일들이 생길까? 현재를 살아가고 미래를 살아가게 될 우리는 이러한 변화에 어떻게 대응하고 살아가야 할까?

춘추전국시대 사상가 공자는 '이름을 바로잡는 일' 즉 정명(正名)을 강조하였다. 말의 의미를 분명히 함으로써 가치와 질서가 확립될 수 있다고 생각한 것이다. 따라서 본격적인 논의에 앞서 우리는 용어를 같은 의미로 공유하고 있는가를 살펴볼 필요가 있다. 같은 말일지라도 서로 이해가 다른 상황에서는 만족스러운 토론과 토의가 진행될 수 없기 때문이다. 예를 들어 사람들은 통일이 필요하다거나 필요하지 않다거나 찬반 논쟁을 벌이지만, 정작 통일이 구체적으로 어떤 모습인지에 대해 개념적 합의를 한 경우는 드물다. 이러한 합의 없이 통일에 관해 논하는 것은 그 한계가 명확하다.

먼저 시민이라는 용어이다. 이는 시민단체나 시민혁명과 같이 무거운 주제와 연결되기 쉬우며 종종 개인과는 거리가 있는 것으로 여겨진다. 또한 역사적으로 민주주의를 갈망하고 비민주적인 정치권력에 분노하고 저항하여 직접 참여하는 교양 있는 사람을 가리키는 의미로도 쓰일 수 있다. 시민의 기준은 연령이나 자질, 투표권과 같은 법적 권리에 의해서만 결정되는 것은 아니다. 훌륭한 자질을 갖춘 시민과 그렇지 못한 시민은 있어도 시민이 아닌 사람은 없다. 또한 특정 시점을 정해두고 연령에 따라 시민 여부를 나누는 것 또한 한계가 있다. 연령과 성숙도가 항상 비례하는 것은 아니며, 설사 차이가 있다 하더라도 이들 모두는 우리 사회의 구성원으로 존재하기 때문이다. 즉 어린이와 청소년도 우리 사회의 한 구성원으로서 어엿한 시민이라 할 수 있다.

다음으로 통일의 개념이다. 통일은 전통적으로 법과 제도가 완전히 하나로 합쳐진 단일국가를 이루는 것을 의미해왔다. 그러나 이렇게 이해하면 통일은 상당히 부담스러워진다. 서로 다른 생활문화를 지닌 사람들이 잘 알지도 못하는 상황에서 갑자기 한 국가의 구성원으로 살아야 한다면 많은 어려움이 야기될 것이다. 여러 조사에서 통일을 반대하는 청소년이 해마다 증가하고 있는 현실은 통일을 이와 같이 이해할 때 나타나는 현상이라 할 수 있다.

통일의 의미를 이와 다르게 이해하는 사람들도 있다. 철조망으로 가로막혀 물리적으로 분단된 현실, 그로 인해 마음도 분단된 현실에서 조금씩 벗어날 수 있다면 그 과정도 통일의 시작이라고 보는 것이다. 이를테면 중국이나 일본을 오가듯 남과 북의 물자와 사람들이 자유롭게 오가도록 하거나, 통일 이후 남한은 자본주의, 북한은 사회주의 등 각자의 체제를 유지하면서 함께 연방정부를 구성하는 연방제를 떠올리는 것도 가능하다.

이 글에서는 체제가 통일된 단일국가만을 통일로 고집하지 않기로 한다. 남과 북의 사람들이 함께 만들어가야 하는 미래의 통일은 오지 않을 수도 있고 올 수도 있다. 다만, 서로 소통할 수 없는 현재의 분단 상태를 벗어나 남과 북의 사람들이 서로의 이야기를 편안하게 나눌 수 있는 조건이 되면 이미 분단을 넘어 통일로 가는 길에 들어섰다고 보자. 물론 그 이후 통일의 모습도 딱히 어떤 모습이라고 분명하게 설명할 순 없다. 통일의 모습은 정해져 있지 않고 우리의 의지와 노력에 따라 시기가 달라질 수 있으며 모습도 다양해질 수 있다.

마지막으로 미래의 개념이다. 미래학자들은 다가올 사회의 모습을 예측하고, 대비할 것을 강조한다. 서점에는 미래에 대한 전망과 준비해야 할 점들을 다룬 책들이 넘쳐난다. 그리고 방송에서는 4차 산업혁명을 이야기하고, 그것이 우리가 살아갈 미래에 어떤 변화를 가져올 것인지 말한다. 사라질 직업, 새롭게 생겨날 직업을 전망하는 보고서에는 낯선 이름의 새로운 직업 목록이 가득하다. 이러한 변화에 대한 설명은 기대를 불러일으키지만, 한편 모두를 불안하게 만들기도 한다.

세상의 변화를 지혜롭게 관찰하고 잘 적응해 나가는 것은 중요하다. 다만 그러한 변화는 어느 날 우리 앞에 한꺼번에 나타나는 것이 아니다. 우리가 살아가는 과정에서 새로운 기술과 또 다른 조건이 함께 어우러져 상호작용하면서 나타난다. 미리 가볼 수 없는 미래는 구체적으로 어떤 모습으로 펼쳐질지 알 수 없고 미래 또한 다양한 조건들이 상호 작용하는 가운데 시민인 우리가 만들어가는 것이라는 점을 함께 기억해야 한다.

2. 청소년 시민의 미래 준비하기

청소년 시민은 다가올 미래를 어떻게 준비하고 만들어가야 할까? 대학에 입학하듯, 직장에 취직하듯 어떤 관문을 통과해서 시민이 되는 것은 아니다. 태어나는 순간부터 우리는 모두 사회 구성원으로서 시민이었다. 다만, 민주주의 사회를 살아가는 시민으로서 각자의 노력에 따라 지속해서 성장하는 시민과 그렇지 못한 시민은 있을 수 있다. 교과서에 나오는 민주시민의 덕목을 모두 갖춘 시민은 현실에 많지 않다. 우리는 모두 시민으로서 성장하는 과정에 있다.

사람들은 학교교육의 본질적인 목표가 민주시민을 기르는 것이라고 한다. 학교와 사회는 분리되어 있지 않다. 청소년들도 사회라는 공간 속에 살아가고 있고 사회에서 발생하는 다양한 문제는 학교 수업에 반영되어 다뤄진다. 친구들과의 관계에서, 선생님과의 관계에서 발생하는 다양한 문제들은 학교 밖 사회에서 일어나는 일들과 같거나 닮아있다. 시민으로서 학교에서의 공부 경험은 사회인이 되어 다양한 사람, 사건과 상호작용하기 위한 자질을 갖추는 데 매우 중요하다.

청소년이 민주시민이 되기 위해 필요한 자질과 가치 중 가장 중요한 것은 현재와 미래를 살아갈 '주체로서 나'에 대한 깨달음이다. 내 삶의 주인으로서 나, 그 미래를 고민하고 선택하고 그 결과에 책임을 지는 존재는 바로 나 자신일 수밖에 없다. 이 점이 가장 중요하다. '흑인을 차별하면 안 돼', '여성을 차별하면 안 돼', '장애인을 차별하면 안 돼'라는 말들은 오늘날 누구도 부인할 수 없는 당위적인 이야기가 되었다. 하지만 불과 몇십 년 전까지만 하더라도 이 말이 당연하지 않았던 때가 있었다. 차별을 당연한 것으로 여겨온 사회적 분위기는 너무나 강했고 그러한 사회에 저항했던 수많은 흑인, 여성, 장애인 인권운동가가 있었다. 우리가 맞이하게 될 미래 사회에서 우리의 삶은 결국 그 삶의 주체인 시민 한 사람 한 사람의 관심과 노력이 있을 때 조금씩 개선될 수 있다.

주인이 된다는 것과 더불어 잊지 말아야 할 것이 있다. 나만 주인이 아니라 우리 모두 주인이라는 것이다. 같은 시대를 살아가는 시민 모두가 주인이다. 아울러 미래에 함께 살아갈 미래세대 또한 주인으로 존중받아야 한다. 이러한 관점을 가질 때 비로소 사회문제를 올바로 바라볼 수 있다. 나의 문제가 중요하듯이 나와 더불어 살아가고 있는 다른 사람의 문제 또한 소중하게 인식할 수 있어야 한다.

주인의식을 가진 다양한 사람들이 공존하는 사회, 그곳에선 서로의 의견이 달라 의사결정 과정에서 다양한 가치 갈등과 충돌이 일어나는 것이 매우 자연스러운 일이다. 세상 사람의 수만큼이나 다양한 관점이 있을 수 있고 나와 견해가 다르다 하더라도 그 주장에 귀 기울일 수 있는 여유가 있어야 한다. 다른 사람의 권리를 존중하는 자세는 민주시민에게 필수적인 덕목이다.

타인의 권리를 존중하자는 말이 모든 이의 주장을 조건 없이 수용해야 한다는 것은 아니다. 다양한 입장과 관점은 존중받아 마땅하지만 그러한 관점이 모두 옳다고 볼 수는 없다. 대등한 관계에서 소외되는 사람 없이 소통하면서 함께 합리적인 대안을 찾아야 한다. 이를 위해 필요한 것은 비판적인 사고능력이다. 문제가 발생하게 된 본질적인 원인이 무엇인지 간파하고 대립하는 주장의 근거를 논리적으로 분석하고 평가할 수 있어야 한다. 이 과정에서 자기 생각에 대한 성찰이 우선되어야 하고 타인의 의견에 대한 비판이 함께 균형을 이뤄야 한다.

시민이 된다는 것은 아는 것에서 그치지 않고 한 걸음 더 나아가 문제 해결을 위해 참여할 수 있다는 것을 의미한다. 고대 그리스 시대 철학자 아리스토텔레스는 훌륭한 시민이 되기 위해 습관을 기르는 것이 필요하다고 했다. 시민의 품성은 하루아침에 완성되는 것이 아니라 지속적이고 반복적인 노력을 통해 만들어진다. 학교에서의 삶이, 학교 밖 사회로 진출한 다음의 삶과 분리되지 않는다. 교실과 학교에서 마주하는 작은 문제에서부터 청소년 시민으로서 마주하는 우리 사회의 문제에 이르기까지 자신의 문제로 받아들이고 심사숙고하여 개선 방안을 찾고자 참여하고 행동으로 옮기는 경험을 반복할 때 더 훌륭한 자질을 갖춘 시민이 될 수 있다.

3. 변화하는 세상, 직업의 변화

근래 전동킥보드를 타는 사람을 흔하게 볼 수 있다. 전동킥보드는 자동차인가 아닌가, 차도와 인도 중 어디로 다녀야 하는가, 사고에 따른 책임 주체와 범위는 어떻게 되는가, 보험상품은 존재하는가 등 새로운 이동 수단의 등장은 예상하지 못한 새로운 의문을 낳는다. 이처럼 새로운 기술이 일상생활에 적용되는 과정에서 연관된 수많은 부문에 변화가 나타난다. 미처 예상하지 못한 문제가 발생할 수 있고 이를 해결하기 위해 새로운 법이 생기기도 한다. 그 과정에서 새로운 직업이 생긴다. 비슷한 예로, 자율주행 자동차가 상용화되면 이와 관련하여 새로운 전문직업이 생겨날 것으로 예상된다. 자율주행차와 도로 사이에 생성되는 데이터를 분석하여 효율적인 주행 방안을 제시하는 빅데이터 전문가, 새로운 문화 공간의 기능을 맡게 될 자동차 안에서 최고의 음질을 구현하고자 하는 자동차 음향 전문가, 효율적이고 안전한 운행을 위해 도로 지도를 개발하는 지리정보시스템 전문가, 자율주행차 운행에 적합한 도시를 설계하는 교통설계 전문가, 자율주행차 운행 중 사고 발생 시 이를 다루는 법률 전문가 등 다양한 직업이 생겨날 것이다. 기술이 변화하여 이로 인해 생활양식이 바뀌고 자연환경이 변화하는 등 다양한 조건들이 상호작용하면서 직업은 생성과 소멸의 길을 반복한다.

직업의 변화를 이끄는 가장 강력한 힘은 기술발전이다. 인터넷의 보급과 활용은 대표적인 예라 할 수 있다. 인터넷 기술이 일반 시민에게 익숙해진 것은 길게 잡아도 30여 년 남짓이다. 인터넷 환경의 등장은 사람들이 만나는 전통적인 공간의 개념을 바꾸어버렸다. 걷거나 차를 타고 시장에 직접 가지 않아도 물건을 살 수 있게 되었다. 은행에 가지 않아도 금융 업무를 처리할 수 있게 되었으며, 종이 신문을 구독하지 않아도 인터넷에서 그날의 뉴스를 더 많이 신속하게 볼 수 있다. 전자 상거래는 나날이 증가하고 있고 과거에 없었던 쇼핑 호스트, 웹 마스터, 웹 디자이너 등 새로운 직업이 등장했다. 인터넷 공간을 방문한 사람들이 남긴 흔적들이 모여 빅데이터를 이루고 이를 활용하여 생산과 마케팅에 활용하고 있다. 과거에 없었던 새로운 일들이 등장한 것이다. 그 과정에서 개인정보 유출, 사생활 침해와 같은 문제가 발생하기도 한다. 이를 보완하기 위해 컴퓨터 백신 프로그램 개발자, 네트워크 보안 전문가 등이 필요해졌고, 사이버 범죄를 담당하는 전문 경찰도 등장했다.

인터넷을 통해 뉴스와 영상을 쉽게 접할 수 있게 되면서 전통적으로 영향력이 컸던 매체인 TV방송과 신문의 영향력이 줄어들고 있다. 개인이 다양한 콘텐츠를 직접 만들고 인터넷 공간에서 공유할 수 있는 1인 미디어 시대가 열렸다. 미디어 생산 주체와 소비 주체가 명확하게 구분되지 않게 되었다. 초등학생들이 선호하는 인기직업에 1인 미디어 크리에이터가 등장할 정도이다. 전자상거래가 활성화되면서 택배회사는 눈에 띄게 성장했고 택배 노동자가 급증했다. 한편, 전통시장 상인들이 설 자리는 점점 좁아졌다.

기술의 변화는 새로운 도구를 만들고 새로운 도구는 과거의 수많은 도구를 박물관으로 보내고 있다. 인터넷 기술과 결합되어 등장한 스마트폰은 기존 매체들이 맡았던 다양한 기능을 흡수·통합하면서 관련 산업 전반에서 지각변동을 일으켰다. 컴퓨터를 켜지 않아도 스마트폰 하나로 많은 일을 처리할 수 있다. 고화질의 사진과 영상 촬영이 가능해지면서 필름 카메라에 이어 등장한 디지털카메라는 더 이상 일반 대중의 관심을 받지 못한다. 영상 촬영 장비인 캠코더는 이제 시민들에게 익숙한 가전제품이 아니다. 음악 감상 도구였던 휴대용 카세트 플레이어, CD 플레이어, MP3 플레이어 등은 스마트폰에 자리를 내주었다. 일정 관리와 메모를 위한 다이어리도 더 이상 생활필수품이 아니다. 이 외에도 시계, 전화번호부, 녹음기, 계산기, 나침반, TV, 신문, 은행, 만보기, 스캐너, 지도 등 스마트폰으로 할 수 있는 기능은 무수히 많다. 자연스럽게 거리에서 시계나 전자제품을 파는 가게를 찾기 어려워졌다. 여행필수품으로 지도를 챙기는 일도 더 이상 필요하지 않다. 생활필수품을 생산하던 공장은 그 제품이 더 이상 생활필수품이 아닌 상황이 되면서 위기를 맞고 새로운 산업에 눈을 돌려야 했다. 스마트폰의 등장은 수많은 직업을 삼켜버렸고 새로운 직업을 만들어냈다.

기후와 환경의 변화 또한 새로운 직업의 등장과 기존에 있던 직업의 소멸을 가져오기도 한다. 기후 변화는 농업에 많은 영향을 미친다. 30여 년 전만 하더라도 교과서에 우리나라 사과 재배 주산지는 남부 지역인 대구와 거창 등으로 표기되어 있었다. 하지만 지구온난화로 연평균 기온이 상승하면서 오늘날 사과 재배 주산지는 충청도를 거쳐 강원도 인제와 양구 등으로까지 북상했다. 사과 재배가 어려워진 남부 지역에서는 망고, 바나나, 황금향, 파파야 등 열대작물을 재배하기 시작했다. 지역의 주요 농산물이 바뀌면 농기구, 자재, 농약 등 관련 산업의 수요도 바뀔 수밖에 없다. 이는 관련 산업 생태계의 변화로 이어져 직업의 변화로 나타난다.

미세먼지 문제가 가져온 변화도 주목할 만하다. 미세먼지가 심각해지면서 오래된 석탄 화력 발전소는 미세먼지 발생의 주범으로 지목되어 가동이 중단되었다. 태양광발전, 풍력발전 등에 관한 관심이 높아졌고 이들에 대한 투자가 확대되어 새로운 일자리가 만들어지고 있다. 미세먼지 배출량이 많은 경유차 사용에 대한 제한도 강화되었는데, 오래된 경유차에 매연 저감 장치를 설치하도록 지원하고 의무화했다. 이를 지키지 않는 자동차는 시내 통행을 제한당하기도 한다. 하이브리드자동차, 전기자동차, 수소자동차 등 친환경 자동차 산업이 지속해서 발전할 수밖에 없다. 환경오염을 최소화하려는 노력은 조선업에서도 나타난다. 국제해사기구(IMO)가 환경문제 해결을 위한 규제책을 발표하면서 석유 연료가 아닌 LNG 연료를 이용하는 선박의 생산이 증가하고 있다. 새로운 연료를 사용하는 자동차와 선박의 등장은 에너지 시장과 부품 시장에서 지각변동을 일으킨다. 새로운 전문 직종과 전문가가 필요하게 된다.

인구학적 구조의 변화, 가족 형태의 변화도 직업의 생성과 소멸을 이끄는 힘이 된다. 기성세대에게 익숙했던 대가족, 핵가족 등의 개념은 이제 어학 사전에서 의미를 찾아야 할 만큼 시민들에게 낯선 용어가 되고 있다. '여러 대의 가족이 한집에 모여 사는 대가족', '한 쌍의 부부와 그들의 미혼 자녀만으로 이루어진 핵가족'은 한때 가족 형태를 분류하는 대표적인 용어였다. 급속한 사회 변화로 이제 1인 가구, 소규모 가족이라는 말을 자주 접하게 된다. 출산율이 낮아지고 고령화 현상이 지속되면서 1인 세대가 증가하고 있다.

가족 수가 줄면 주거공간에 대한 수요가 변한다. 3~5인 규모의 핵가족 맞춤형인 중대형 아파트에 대한 수요는 줄고, 1인 가구를 위한 원룸이나 소형아파트 수요는 증가한다. 가전제품 산업도 마찬가지다. 세탁기, 냉장고, 전기밥솥 등 가전제품도 가족 수에 맞게 변화할 수밖에 없다. 또한 직접 재료를 구매하여 음식을 조리하기보다 조리된 음식을 포장해서 배달해 먹는 것이 더 경제적일 수 있다. 관련하여 이미 1인 가족을 위한 반찬 배달 서비스, 과일 택배 서비스 등 새로운 서비스가 자리 잡고 있다.

전통적으로 노인을 보살피는 일은 가족의 의무로 여겼다. 하지만 인구의 고령화, 1인 세대의 증가, 치매 인구의 증가 등 새로운 환경은 새로운 서비스를 제공하는 일자리를 요구하고 있다. 고령이나 치매, 중풍 등 노인성 질환으로 일상생활이 어려운 노인들을 위해 신체 활동이나 가사 활동을 전문적으로 도와주는 요양보호사라는 새로운 직업이 등장했다. 홀로 가정생활이 어려운 노인을 보살펴주는 요양원이나 요양병원은 날로 증가하고 있다. 요양 시설이 늘어나면 필수 인력인 의사, 사회복지사, 간호사, 물리치료사, 요양보호사, 사무원, 영양사, 조리원 등 전문 인력의 수요도 증가한다.

더 높은 수준의 삶의 질을 추구하는 사회적 분위기는 새로운 직업 세계의 문을 여는 또 다른 동력이 된다. 가족의 수가 줄어드는 가운데 가족 구성원에 대한 관념이 바뀌고 있으며 동물이 새로운 가족 구성원으로 인정받고 있다. 반려동물과 관련된 새로운 산업이 등장하고 관련하여 직종이 분화하고 있다. 반려동물도 인간과 마찬가지로 생명을 가지고 있는 존재이기에 생로병사(生老病死)로 일컫는 삶의 과정을 지날 수밖에 없다. 따라서 이러한 과정에서 반려동물 미용사, 반려동물 식품 관리사, 반려동물 장례지도사, 반려동물행동교정사, 반려동물 보험, 반려동물 호텔 등 생소하지만 다양한 직업 분야가 이미 존재하고 있다. 반려동물과 함께하는 인구가 지속해서 증가할 것으로 예상되는 상황에서 이러한 직업은 더욱 세분되고 전문화될 것으로 보인다.

기술과 문명의 발달은 인류의 역사에서 지속해왔고 그 과정에서 다양한 직업이 생성과 소멸을 반복하며 진화해왔다. 다만, 4차 산업혁명을 이야기하는 지금, 그러한 변화는 과거와 달리 매우 빠르게 전개될 것이다. 게다가 그동안 단절되어 교류가 활발하지 못했던 북한에 중국, 몽골, 러시아 등 새로운 공간이 육로를 통해 이어질 때 우리가 마주하게 될 미래 세계가 어떻게 펼쳐질 것인지에 대해서는 많은 상상력이 필요하다. 지금까지 소개한 직업의 변화를 이끄는 요인에 새로운 변수를 하나 더하여 생각해 보자. 우리 삶의 공간이 북한 지역으로 확대되고, 단절되었던 대륙으로의 진출이 가능해져 획기적으로 넓게 펼쳐질 때 우리 삶에 어떤 변화가 나타날까?

4. 통일이라는 미래, 북한이라는 공간이 더해질 때

무더운 여름, 휴가를 준비하며 여행지를 고를 때 어떤 조건을 먼저 생각할까? 여행의 매력은 매일 생활하고 있는 익숙한 공간과는 조금 다른 조건을 갖춘 곳을 찾아 떠나는 데 있다. 더운 여름에는 시원한 곳을, 추운 겨울에는 따뜻한 곳으로 떠나고 싶은 마음은 누구나 비슷할 것이다. 그런데 비행기를 타고 멀리 해외로 떠나지 않아도 여름에 시원한 곳이 있다. 바로 개마고원! 무더운 여름, 개마고원에서 캠핑하는 장면을 상상해 보자.

개마고원은 마천령산맥과 낭림산맥 등으로 둘러싸인 약 4만㎢ 넓이의 고원이다. 고원 전체가 마치 넓은 평야와 같은 모양으로 높은 곳에 펼쳐져 있어 '한국의 지붕'이라 불린다. 고원의 높이는 700~2,000m이며 남에서 북으로 경사져 있다. 고도가 높아 여름철엔 서늘하고 겨울철에는 온도가 -40℃까지 내려가 매우 춥다. 가장 더운 8월 평균 기온은 18~20℃로 우리나라에서 온도가 가장 낮다.

무더운 여름날 서늘한 고원을 찾아 떠나는 여행, 봄이 되어 남한에서 스키장이 문을 닫을 무렵 북한 지역의 스키장으로 겨울 여행을 떠나는 장면, 이는 우리가 평소 생각해 보지 못했던 모습이다. 오랜 세월 나라가 분단되어 남과 북으로 나뉘어 살다 보니 북한 지역에 대해 호기심을 갖고 직접 방문하는 광경을 생각하는 것은 낯설다. 우리는 추상적으로 북한에 대한 어떤 이미지를 떠올릴 뿐 지리적 공간으로서 북한 지역을 구체적으로 떠올리지 못한다.

단일체제의 국가를 이루지 않더라도 남한과 북한 사이에 사람과 물건이 자유로이 오가면서 교류하고 더 이상 전쟁을 걱정하지 않아도 될 때 분단은 이미 해소되기 시작했다는 점에서 통일의 과정에 들어섰다고 볼 수 있다. 분단은 휴전선을 떠올리게 한다. 휴전선은 한반도를 물리적으로 나누었고 남과 북의 사람들의 말과 생각을 단절시켰다. 5,000년 이상 자유로이 왕래하면서 살아왔던 사람들이 70여 년 길을 막고 서로를 멀리했다. 그리고 지금 그 상황을 마치 정상적인 것처럼 받아들이고 살아간다. 한쪽 면으로는 사람이든 물건이든 나아가는 것을 감히 상상도 못하는 섬나라보다 못한 상황에서 살고 있지만, 그것에 불편함을 전혀 느끼지 못하고 오히려 평화롭다 여기며 살아간다.

남한과 북한이 평화협정을 맺고 이웃 나라 오가듯 서로 지킬 것은 지키면서 즐겁게 방문할 수 있는 날이 온다면 어떤 일이 벌어질까? 우리의 미래에 북한이라는 새로운 활동 무대가 펼쳐진다면 무슨 일이 생길까? 열차를 타고, 자가용을 타고 북한을 지나 중국과 러시아, 몽골로 우리 삶의 공간이 확대되는 날 어떤 일이 벌어질까? 지금까지 우리는 그러한 날들을 상상해 보지 못했다.

서울역은 우리에게 목포, 부산 등의 도시를 떠올리게 하는 종착역이자 출발역으로 인식되어 있다. 그러나 서울역에 국제선과 국내선 표지판이 이미 100여 년 전에는 있었다는 사실을 우리는 모두 잊고 있다. 서울역은 중국 베이징, 단둥, 러시아 하얼빈으로 향하는 열차가 오가는 국제역이었다. 서울역에서 열차를 타면 이어진 길을 따라 베를린까지 갈 수 있었다. 일제 강점기 올림픽에 출전하여 마라톤에서 금메달을 땄던 손기정 선수는 그 철길을 따라 베를린을 다녀왔다. 남북이 통일 과정에서 자유롭게 오갈 수 있다는 것은 서울역이 다시 국제역의 위상을 되찾는다는 것을 의미한다. 이 과정에서 어떤 일들이 벌어질까?

먼저 진행되어야 하는 사업은 철도와 도로를 현대화하는 것이다. 북한 지역을 지나 중국과 러시아로 연결되는 철도와 도로를 현대화하는 데에는 큰 비용이 들 수 있다. 이는 새로운 일자리가 그만큼 증가한다는 의미이기도 하다. 철도를 건설하기 위해 토목산업이 활기를 띠게 될 것이고 건설에 필요한 원자재를 생산하는 대기업과 중소기업의 생산량이 늘고 고용이 증가할 것은 분명하다. 그 과정에서 남한과 북한의 노동자가 오랜 기간 함께 일하며 소통의 기회를 얻고, 서로를 잘 이해하게 되는 효과를 덤으로 얻을 수 있다.

길이 연결되면 그 길을 이용하는 사람과 물자는 남한과 북한에 국한되지 않는다. 가까이는 일본과 중국, 러시아가 그 길을 이용할 것이고 멀리는 미국과 유럽의 여러 나라가 철길을 이용해 물건을 주고받고 사람들이 이동하게 될 것이다. 중국과 일본, 그리고 우리나라는 선박을 이용할 때보다 빠르고, 항공을 이용할 때보다 저렴하기 때문에 이 길을 이용해 수출 길에 나설 것이다. 길을 따라 연결된 가스관을 통해 러시아에서 생산된 천연가스를 북한과 남한에 값싸게 들여올 수도 있다. 북한의 지하자원을 다른 나라로 수출하거나 남한으로 가져와 가공하는 일도 쉬워질 것이다.

이 과정에서 어떤 새로운 일들이 생길까? 그 일을 맡아 처리할 새로운 직업은 어떤 것들이 있을까? 미래의 일이라 구체적인 모습을 그리기는 어렵지만 상상해 볼 수는 있다. 중국, 러시아 등과의 교역, 여행 등이 활성화되면 당장 중국, 러시아와 소통할 수 있는 협상가, 여행기획자 등이 눈에 띄게 증가할 것이다.

중국이나 러시아 관광객이 비행기를 타고 제주도에 들러 며칠 머물렀다 돌아가는 여정이 아니라 백두산에서 묘향산을 거쳐 평양과 서울을 지나 여수와 부산을 돌아 제주로 이어지는 기나긴 철도 여행을 계획할 수도 있다. 제주도에서 출발한 일본 여행객이 백두산에서 여정을 마무리하는 코스도 가능하다. 여행이 활성화되면 여행사뿐만 아니라 숙박, 음식, 문화제 관람, 공연, 레저, 쇼핑 등 국내의 관련 산업이 그동안 맞이해보지 못했던 호황을 맞을 수도 있다. 가상현실과 증강현실이 접목되면 여행상품을 홍보하는 데도 활용될 수 있다. 사진과 글로만 안내되는 현재의 여행사 홈페이지가 아니라 마치 실물을 보듯이 입체적으로 여행지를 소개해 줄 수 있다. 그 과정에서 새로운 일과 일자리가 생기게 된다.

항공과 선박을 이용한 무역에서 열차와 도로를 이용한 무역이 증가하면 이를 관리할 세관 업무, 출입국 관리 업무, 경비 업무 등을 위해 새로운 일자리가 필요하다. 북한과 교류·협력하는 가운데 법적 체계가 달라 분쟁이 발생할 수도 있는데 이를 해결할 법률 전문가도 필요하다. 남한에서 석탄 산업의 붕괴로 더 이상 찾기 어려워진 광산업 분야에서도 새로운 일자리가 생길 수 있다. 남한에서 대부분 수입에 의존하고 있는 금, 은, 구리, 철광석, 마그네사이트 등 광물자원을 북한과의 협상을 통해 북한 지역에서 직접 생산할 수 있다. 이 과정에서 광물자원을 탐지하고 효율적으로 채굴하고 운반, 가공할 수 있는 직업이 새롭게 등장할 것이다.

4차 산업혁명이 가져올 미래에 대한 기대와 준비는 북한도 함께 하고 있다. 이는 남북 교류가 활성화될 때 시너지 효과를 발휘할 수 있다. 2012년 김정은 정권이 출범한 이후 나타난 변화 가운데 하나는 헌법과 교육법을 개정하여 '전민과학기술인재화'를 국가교육의 목표로 내세웠다. 북한이 추구하는 사회주의 강국 건설을 위해 과학기술 발전이 무엇보다 중요하다는 인식이 드러난다. 학교에서 과학, 정보기술, 기초기술 등의 교과를 강조하고 있고, 기술고급중학교를 지역마다 신설하여 지역 특성을 반영한 기술교육을 강조하고 있다.

북한 소식을 전하는 신문 기사에서 과학기술을 강조하는 교육의 모습과 구체적인 결과를 살펴볼 수 있다. 최신 과학기술을 접목하여 운영 중인 양어장, 농장 등에 관한 모범 사례를 소개하는 기사가 증가하고 있다. 학교에서 컴퓨터 활용능력을 기르기 위한 교육을 강조하고 네트워크 기반 프로그램도 확산하고 있다. 빅데이터를 처리하는 인공지능 기술이 발달하고 있고 세계 안면 인식 기술대회에서 우수한 성적을 거두었다는 소식도 전해진다. 대학 입학을 위한 시험을 컴퓨터를 활용하여 원격으로 치렀다는 기사도 자주 등장한다. 재미교포의 평양 여행기를 다룬 국내 신문 기사에는 유치원과 소학교 교원을 양성하는 평양교원대학에서 인공지능 기술을 활용한 기기로 가상의 학생과 함께 수업에서 상호작용하는 실습 장면을 목격할 수 있다. 북한 역시 4차 산업혁명이 현실로 다가와 있고 세계적인 흐름에 발맞추기 위해 다양한 분야에서 노력하고 있는 것으로 보인다.

체제와 이념이 달라 오랫동안 분단된 채로 살 수밖에 없었지만, 다가올 미래에는 더 나은 관계로 발전되어야 한다. 남과 북이 함께 공감할 수 있는 공동의 목표도 분명히 있다. 상대를 이기기 위한 것이 아니라 더불어 잘 살 수 있는 새로운 공동체를 만들기 위해 협력할 때 서로 다른 모습인 지금의 상황은 오히려 서로에게 도움이 될 수 있다.

5. 통일시대, 진로를 고민하는 청소년 시민에게

대학에서 공부할 학과를 정할 때, 직장을 선택할 때 남들이 모두 원하는 길을 선택한 것을 잘한 결정으로 생각할 수 있다. 그러나 모두가 그 길을 원한다면 한 번쯤 의심하고 새로운 길을 탐색해볼 필요가 있다. 남들이 잘 가지 않는 길은 새로운 길을 개척할 수 있다는 점에서 의미 있는 선택이기도 하다. 시민으로서 청소년, 어떻게 미래를 설계하고 준비해야 할까?

세계적인 투자회사인 로저스홀딩스의 회장 짐 로저스(Jim Rogers)는 북한을 기회의 땅으로 묘사한다. 북한의 경제 개방은 막을 수 없으며 북한은 엄청난 경제적 잠재력과 투자 매력을 갖고 있다는 것이다. 실제로 북한은 국제사회에 개방을 원한다는 것을 지속해서 표현하고 있다. 그동안 적대적 관계였던 나라와도 평화협정을 맺고 수교한 다음 경제교류를 하고자 한다. 의사소통에 아무런 문제가 없고 가까운 거리에서 쉽게 오갈 수 있는 남한에게도 북한의 개방은 새로운 기회가 될 것이다.

누구도 우리의 미래를 대신 준비해서 안겨주지 않는다. 나와 우리의 미래를 결정하는 것은 결국 지금 여기 있는 우리 모두라 할 수 있다. 나와 우리의 의지에 따라 서로 미워하고 대립하는 지금까지의 남북 관계가 앞으로 계속될 수도 있고 서로에게 도움되는 방향으로 협력하는 새로운 길을 만들어갈 수도 있다. 그러한 의지와 노력, 결정은 오롯이 우리의 선택에 달려있다. 우리의 문제는 우리가 해결할 수밖에 없기 때문이다.

미래를 예측하고 준비하기 위해 나를 둘러싼 다양한 삶의 조건을 종합적으로 이해하는 능력을 갖추어야 한다. 새로운 기술의 발전과 산업의 변화, 기후 위기와 같은 지구적 차원의 문제와 해결 노력, 인구와 가족 구조의 변화, 사람들의 가치관 변화 등을 함께 살펴볼 수 있는 지혜가 필요하다. 아울러, 지리적 분단이라는 특수한 상황에 놓여 있는 우리 사회가 분단 상태를 극복하는 과정에서 나타날 수 있는 일에 관해 관심을 두고 자신의 목소리를 낼 수 있어야 한다. 이러한 관심과 참여는 청소년이 시민으로서 교실에서 마주할 수 있는 작은 일들에서부터 시작되어야 한다.

더 나은 미래를 설계하는 과정에서 잊지 말아야 할 것이 있다. 나의 풍요로운 미래가 소중하듯이 북한 사람들의 미래도 함께 소중하게 여겨야 한다. 내가 속한 공동체의 이익을 추구하다 보면 본의 아니게 다른 공동체에 피해를 줄 가능성이 있다. 이러한 결과는 남과 북의 지속적인 발전을 어렵게 만들 뿐만 아니라 민주적이지 못하다. 공감의 대상을 조금씩 넓혀 더 큰 새로운 공동체를 만들기 위해 노력해야 한다. 그 과정에서 더 많은 사람이 함께 웃을 수 있는 미래도 자연스럽게 다가올 것이다.

제3장

평화통일세대의 가치: 포용성과 상호이해

정경호(22기 통일교육위원)

챕터 개요

남남갈등으로 대표되는 통일문제에 대한 갈등의 본질은 북한에 대한 상식적이고 과학적인 접근을 생략한 채 확증편향으로 접근하는 상당수 국민의 태도에 기인한다. 이러한 확증편향에 사로잡히기 전에 문제를 객관적이고 균형 잡힌 시각으로 볼 수 있게 하는 것은 학교교육과 사회교육 등에서 가능하다.

단절과 소외의 공간인 DMZ를 전혀 다른 이념과 차이를 녹여서 융합하는 공간으로 만들겠다는 발상의 전환이 필요하다. 한반도 평화와 인류 평화를 추구하는 플랫폼을 조성한다는 발상으로 국제 평화지대와 평화대학을 비무장지대에 조성하는 방안을 고려해봄직하다고 제안한다.

1. 들어가며

유네스코 헌장 서문은 다음과 같이 시작한다. "전쟁은 인간의 마음속에서 생기는 것이므로 평화의 방벽을 세워야 할 곳도 인간의 마음속이다. 서로의 풍습과 생활에 대한 무지는 인류 역사를 통하여 세계 국민들 사이에 의혹과 불신을 초래한 공통적인 원인이며, 이 의혹과 불신 때문에 그들의 불일치가 너무나 자주 전쟁을 일으켰다"(유네스코헌장, 1953)고 보았다. 이러한 차이점들로 인해 자주 전쟁으로 치달았고 이제 막 종료된 전쟁은 인간의 존엄성, 평등, 상호 존중의 민주주의 원칙을 부정하고 그 대신 인간과 인류의 불평등 원리를 무지와 편견을 통해 조장함으로써 가능하였다고 진단하였다.

헌장에서는 평화를 증진시키는 방안으로서 "문화를 널리 전파하고 정의, 자유, 평화를 교육시키는 것이 인간의 존엄성에 불가분한 요소이며 모든 국가들이 상호 지원과 협력의 정신하에 완성해야 하는 신성한 의무"라고 보았다. 그리고 "평화가 실패하지 않기 위해서는 반드시 인류의 지적 및 도덕적 결속력에 기반을 두어야 하며 이와 같은 사유로, 이 헌장 당사국들은 모든 이를 위한 교육에 대한 완전하고 평등한 기회 제공, 객관적 진실에 대한 무제한적 추구, 사상과 지식의 자유로운 교류를 믿는다"라고 확신하였다. 더 나아가서 "당사국 국민 간 대화와 소통의 방안을 마련하고 증진하며 상호 이해 및 보다 진실되고 완전한 지식을 위해 동 방안을 활용하는 데 합의하고 단결하였다"라고 선언하였다.

유네스코 헌장에서 드러나는 일련의 선언은 2차 세계대전의 참화를 딛고 일어서기 위한 세계인들의 절박한 호소이다. 여기에서 강조하는 것은 '인류의 지적 및 도덕적 결속력에 기반'을 두고 교육과 객관적 진실 추구, 사상과 지식의 자유로운 교류이다. 요컨대 교육을 통한 상호 이해의 중요성을 명확히 했다고 할 수 있다. 그만큼 평화의 교육적 역할은 크다.

평화권은 인권의 한 분야로서 정립되어 가는 중이다. 본격적인 논의가 이루어진 것은 1997년 유네스코 총회였다. 유네스코 총회는 평화권 선언문을 채택하려 했지만 미국을 비롯한 유럽국가들이 이 선언문 채택에 반대하고 나섰다. 비공식 자리에서 미국 대표단의 일원은 "평화를 인권 범주로 끌어올려서는 안 된다. 평화를 인권으로 인정하면 전쟁을 하기 어렵기 때문이다"라고 말했다. 미국이 평화권을 위와 같이 인식한 것은 국제질서의 패권국 입장에서 평화권이 실정법으로서 규범력을 가지게 되었을 때 이것이 어떤 의미인지 정확하게 알고 있었기 때문이었다. 흥미로운 점은 한국과 일본인데, 일본은 가장 강력한 형태의 평화헌법을 가지고 있는 나라이고, 한국은 평화가 위태로운 나라임에도 불구하고 두 국가 모두 평화권에 지속해서 반대해왔다는 점이다(이경주, 2014).

국내에서도 기본권으로서 평화적 생존권에 대해 논의된 적이 있다. 2004년 12월 9일 국회는 용산의 미군기지와 주한미군의 핵심 전력인 미 2사단을 평택으로 옮길 수 있는 정부의 협정(용산기지 이전 협정)을 비준·동의한다. 이 협정에 대해 시민사회에서는 미군의 기지 이전에 반대하고 나섰는데, 그 이유 중에는 평택으로 기지를 이전하는 것이 한반도 주변국들 사이의 무력 충돌 가능성을 높여 국민의 평화적 생존권을 침해할 것이라는 주장이 있었다(한성훈 2020).

시민사회단체는 헌법재판소에 '대한민국과 미합중국 간의 미합중국군대의 서울지역으로부터의 이전에 관한 협정 등 위헌확인'심판을 청구했다(이경주, 2014). 2006년 2월 23일 헌법재판소는 이 위헌확인 심판 청구를 각하하였지만, 판시 내용에서 주목할 점은 평화권이 법적 판단의 근거 기준이 될 수 있는 점을 인정한 데 있다(한성훈, 2020).

오늘날 전쟁과 테러 혹은 무력행위로부터 자유로워야 하는 것은 인간의 존엄과 가치를 실현하고 행복을 추구하기 위한 기본 전제가 되는 것이므로 헌법 제10조와 제37조 제1항으로부터 평화적 생존권이라는 이름으로 이를 보호하는 것이 필요하며, 그 기본 내용은 침략전쟁에 강제되지 않고 평화적 생존을 할 수 있도록 국가에 요청할 수 있는 권리라고 볼 수 있다(헌법재판소, 2006.2.23.). 이 같은 사례를 활용하여 평화와 평화권에 대한 구체적 관점을 정립하는 교육적 노력이 훨씬 생동감 있는 평화교육을 가능하게 할 수 있을 것이다.

통일문제에서도 마찬가지일 것이다. 남남갈등으로 대표되는 통일문제에 대한 갈등의 본질은 북한에 대한 상식적이고 과학적인 접근을 생략한 채 확증편향으로 접근하는 상당수 국민의 태도에 기인한다. 이러한 확증편향에 사로잡히기 전에 문제를 객관적이고 균형 잡힌 시각으로 볼 수 있게 하는 것은 학교교육과 사회교육 등에서 가능하다. 하지만 사회교육은 그 태생적 한계나 존립 근거, 지원 단체의 성향에 따라서 편향된 견해와 의도를 갖고 움직일 가능성이 많아 제도권 학교교육이 핵심적인 역할을 해야 한다고 본다.

학교교육과정 중에서는 역사를 비롯한 사회현상을 다루는 과목이 평화통일교육을 다루기에 직접적인 책임과 의무가 있다고 할 수 있다(김한종, 2013). 하지만 다른 교과에서도 평화와 통일을 교육내용에 녹여낼 수 있는 여지는 얼마든지 있다. 문학과 예능 교과 등에서도 평화와 통일을 주제로 표현해봄으로써 더 큰 교육적인 효과를 얻을 수 있을 것이다.

2. 평화통일교육의 방향

1 평화역량의 다층적 차원

평화교육의 영역에서도 역량이라는 용어의 적극적 사용을 통하여 일반적 교육실천 혹은 인접 교육개념과의 활발한 의사소통이 필요하다. 평화역량은 우리가 삶을 경험하는 관계의 네 가지 차원에서 평화를 창조할 수 있는 능력이다. 이를 그림으로 나타내면 다음과 같다(박보영, 2009).

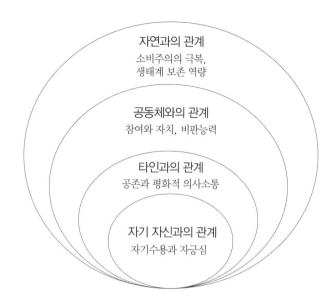

평화역량의 이해를 통하여 제시하고자 하는 관점은 다음과 같다. 첫째, 한 인간의 평화는 결코 관계에서 분리된 상태로 형성될 수 없으며 그 인간을 겹겹이 에워싸고 있는 중층적인 관계의 상호작용과 서로 살림을 통하여 가능하다는 것이다. 즉 한 인간은 자기 자신을 살리고, 타인을 살리고, 공동체를 살리고, 자연을 살려야 자신이 살 수 있다는 점을 명확히 인식해야 한다. 둘째, 타인과의 관계, 공동체와의 관계, 자연과의 관계에서 평화는 항상 구조적이고 정치적인 문제이지만 그러한 문제에 적극적이고 주체적으로 대처하는 '결단하는 인간'이 있지 않고서는 공동체의 평화나 자연과의 평화도 불가능하다는 관점이다. 셋째, 한 인간은 통합된 자아로서 자신의 삶을 영위해야 하지만 그가 처하게 되는 다양한 관계의 현장에서 그가 발휘해야 할 역량은 상황에 따라 유연할 필요가 있다는 점이다. 예를 들자면, 사회적 공동체의 맥락에서 우리가 가부장제도에 대해 취할 수 있는 태도와 면대면 접촉에서 가부장제의 그물망 속에 있는 남성과 상호작용을 할 때 우리가 발휘해야 할 평화역량 사이에는 맥락에 따른 차이가 존재하며, 따라서 평화역량의 유연한 적용이 필요하다는 점이다(박보영, 2009).

2 평화통일교육의 새로운 모색

근대국가 차원에서 평화와 통일이란 정치와 체제의 문제이자 그 정치공동체와 구성원과의 관계를 말한다(한성훈, 2020). 대다수 언론이 그동안 평양에 대해 보여준 태도는 체제의 성격에만 골몰한 채 그곳에 사는 사람들의 내적 감정과 신념에 대해서는 무시하는 것이었다(한성훈, 2020). 그러나 평화에 대한 확고한 의지와 절실함을 갖기 위해서 전쟁의 참화에 대한 이해도 필요하다. 우리 주변의 미국, 중국, 러시아 등은 핵 강국으로 한반도는 물론 인류를 전멸시킬 수 있는 원자폭탄과 수소폭탄을 소유하고 있으며 북한 또한 핵무기를 보유하고 있기 때문이다.

원자폭탄과 수소폭탄이 폭발하면 기본적으로 7천℃에서 1억℃의 열을 발산한다. 그래서 지표면의 흙이 지하 30m까지 타버리며, 이 타버린 흙은 무게가 0.1㎍이 된다. 미세먼지의 무게가 0.5㎍ 이상인데, 타버린 흙은 0.1㎍이기 때문에 공기 중 20~30㎞까지 올라간다. 즉 성층권 전부를 덮어 태양을 가리워 태양빛이 지상에 도달하는 것을 막음으로써 지상은 영하 20℃ 내지 30℃까지 내려가 지상에 있는 식물과 동물들은 사망하게 된다(최양근, 2013). 우리 인류가 이런 위협 앞에 있기에 평화에 대한 갈구는 절실해질 수밖에 없다는 점을 반드시 짚고 넘어가야 한다.

구체적으로 한반도 문제에 대한 북미 간의 신뢰가 형성되지 않아서 합의와 파기가 계속되는 과정에 대한 이해도 필요해 보인다. 평양은 "자국의 주권이 존중받고" "일방적인 공격 대상"이 되지 않도록 보장받기를 원해왔다(개번 맥코맥, 2006). 맥코맥의 부연대로 근본적이고 보편적인 권리를 보장받는 자체를 국가의 목표로 삼을 정도로 취약한 나라는 드물었다. 남북한 관계이든 북미 관계이든 평양은 동등한 관계에서 쌍방향의 소통을 원한다. 2018년 3월 남한의 특사단이 평양을 방북해 조선노동당 중앙위원회 본부 청사에서 김정은 국무위원장을 만났을 때, 그는 "대화 상대로서 진지한 대우를 받고 싶다"라는 의사를 피력했다. 이 말에는 그동안 북한이 남한이나 미국, 국제사회로부터 주권을 인정받지 못했고 또 정상적인 외교관례에 따라 대화상대로서 인정받지 못한 것에 대한 속마음이 담겨있다(한성훈, 2020).

1994년 '제네바 기본합의'를 평양과 맺은 워싱턴은 핵무기 공격을 하지 않을 것이라고 약속했지만 그 이후에도 핵무기 사용을 계획하고 있었다. 2002년 9월 12일 노틸러스 연구소가 공개한 미 국방부의 핵공격 모의훈련 문건(1998.12.9.작성)에 따르면, 세이머 존슨(Seymour Johnsos) 공군기지 전폭기들은 수백 개의 북한 지하시설을 공격 목표로 여러 차례 핵무기 공격 훈련을 실시했다. 문서에는 미군의 훈련이 "한국에서 전투를 가정한 것"이라고 밝힌 뒤 "생화학 공격작전"까지 포함하고 있었다. 미국이 핵공격 모의훈련을 실시한 1998년 가을은 북미 사이에 대결 국면이 상승하던 때였다. 그해 여름부터 평양은 미국이 대북기본협정을 이행할 의지가 없는 것을 비판하였고, 10월 미국은 북한에 대해 공개적으로 침략 위협을 경고하고 이북지역을 대상으로 장거리 핵공격 모의훈련을 실시하였다(한성훈, 2020). 상존하는 핵 공격과 생화학 공격의 대상 지역인 한반도에 사는 우리로서는 평화통일교육의 절실함과 함께 이를 헤쳐 나갈 예지를 찾아 나가야 할 책무를 느낄 수밖에 없다.

평화통일교육은 이제 단순한 한반도의 평화나 통일을 위한 범주만 다루는 것은 진부하고 그 기반이 허약하다. 이미 한반도의 평화와 통일문제는 단순한 민족 문제를 넘어서 국제정세와 연동되었기 때문이다. 그런 점에서 '현대의 평화교육은 시스템적 사고를 하면서 자기성찰을 해야 한다(이대훈, 2020.10.15.)'는 견해를 음미해 볼 만하다.

통일교육도 마찬가지이다. 거대한 분단구조에 대한 이해를 바탕으로 우리 사회의 혐오와 차별의 근원을 해명하려는 노력과 이를 교육적인 성찰로 이어나가지 못하면 명쾌한 논리구조를 갖추기 어려울 것이다.

학교에서 통일교육을 하는 교사들은 이 교육과 관련하여 정치적 논란에 부담을 느끼고 있는 것으로 확인된다. 교사들의 43% 이상은 자신들의 통일 관련 교육이 정치적 논쟁거리가 되는 것에 부담을 느낀다는 실태조사 보고서가 있다(통일교육원, 2019). 교사들은 자신들의 업무가 정치적 정체성을 드러낼 수 있는 일이라는 점을 고려할 필요가 있다. 게다가 통일교육지원법은 통일교육 관련 처벌 조항까지 유지하고 있어 이 또한 고려하여야 한다.

독일통일 전 서독 교육현장에서는 서독보다 동독에서 나치 청산과 여성인권을 더 보장했다고 가르쳤다. 서로의 장점을 교육하는 방식은 포용성과 상호 이해를 증대시킬 수 있다. 서로를 아는 만큼 이해할 수 있는 여지가 커지며 곧 한반도 평화 정착에도 기여할 것이기 때문이다. 구체적 사례로 2018년 판문점 회담 이후 북한에 대한 신뢰도가 많이 상승한 것을 확인할 수 있다. '통일을 함께 상의할 상대로서 북한을 대화와 타협이 가능한 상대라고 생각하는가'라는 설문에 2009년 이후로 처음으로 50% 이상이 '그렇다'라고 응답하였다. 남북대화로 북한 사회에 대한 적대의식이 많이 누그러진 것은 여론조사에서도 확인되고 있다. '북한이 변하고 있다고 생각하는가'라는 설문에도 '변하고 있다'가 77.3%로 전년도 31.9%에 비해 무려 45.4%나 상승했다. 이렇게 남북 간의 대화에 따라 국민의식이 급격히 변할 수 있는 것이다(서울대 통일평화연구원, 2018.10.2.).

그런 면에서 평화를 위협하고 분단을 지속시키는 요인들에 대한 규명과 이에 대한 성찰 교육이 우선되어야 한다고 생각한다. 그리고 이러한 규명과 성찰을 가로막는 걸림돌을 치우는 작업을 우선해야 할 것이다. 오랫동안 우리를 길들여 온 국가주의적 사고에 바탕을 둔 교육교재를 보다 평화주의적이고 세계시민주의적 시각으로 재구성해야 할 것이다. 그렇지 않고서는 '인류의 지적 및 도덕적 결속력에 기반을 둔 교육과 객관적 진실 추구, 사상과 지식의 자유로운 교류'를 주장한 유네스코 헌장 서문의 정신은 지켜질 수 없을 것이다.

역사적으로 혹은 정치적으로 근대국가의 발달과 시민권 확장 과정에서 전제되어야 할 부분은 시민사회와 국가권력의 관계라고 할 수 있다. 레인하드 벤디스(Reinhard Bendix)에 따르면 시민들의 사회관계는 권리와 의무의 상호 관계 속에서 성립한다. 근대국가의 구성원인 국민/시민들은 집단 내에서 행위의 주체자로서 확립된다. 이를 정치공동체와 개별 구성원의 관계에서 본다면 결국 시민권의 확장 여부에 따라 시민의 가치가 달려있게 된다. 즉 남북한에서 시민권의 외연을 넓히는 것 중의 하나가 평화권이라고 할 수 있고, 이 권리를 보장하는 또 다른 차원의 개념이 통일(통합)이라고 할 수 있다(한성훈, 2020).

따라서 평화를 추구하고 평화권을 중요시하기 위해서는 우리 사고(思考)의 전환이 필요하다. 근대국가와 민족이라는 상상의 공동체는 구성원의 공통적인 경험과 지난날의 기억을 주요 기반으로 삼는다. 그중에서 전쟁기념물은 근대국가 또는 민족주의와 깊은 관련이 있다. 국가의 공식 기억이 기념물이라는 형태를 통하여 각각의 구성원에게 전달되기 때문이다. 집합적인 형식을 보이는 기념 과정은 사회 구성원의 정서와 인식의 틀을 만들고 궁극적으로는 정체성을 형성한다(한성훈, 2020).

북한에서 반미에 대한 문화적 지반과 정치사상사업은 1950년대 후반부터 대중화되었다. 북한은 1958년 8월 신천박물관을 건립하고 1959년부터 '전 인민적인 반미대중운동'과 '군중행사'를 벌여 미국에 대한 적개심을 고취하였다. 평양에 조국해방전쟁 승리기념관이 있지만 실제로 미국에 대한 인민들의 정치·사상 교육은 신천박물관이 중심을 이룬다(한성훈, 2020). 북한이 반미 정치사상 교양을 통해 의도하는 것은 외부에 대한 투쟁을 유지하면서 내부의 규율을 엄격히 하는 데 있다. 다시 말해 상대로부터 오는 위협을 끊임없이 환기시키고 이에 대한 투쟁을 유지함으로써 조직 내부 규율을 유지하고자 하는 측면에서 비롯된 것이었다. 달리 표현하면 반미는 정권을 중심으로 인민들이 뭉치고 지배체제를 안정시키는 데 기여한 것이었다(강정구, 1991).

북한 당국은 내적 통합의 한 방법으로 신천학살을 비롯해 대규모 인명 피해와 파괴행위를 주목함으로써 미국에 대한 적대적 인식을 확장시켰다.

'반미'는 미국에 대한 적대적 수사로서 일종의 외적 논리로 작용하였고, 체제 내부를 통합하는 문제에 있어서는 자주성을 강조하는 것과 짝을 이룬다. 민간인 학살을 강조함으로써 북한 내부 주민들에게 미국에 대한 적개심을 제공하였다. 더불어 한국전쟁은 반미에 대한 '체험적 기반'을 제공해 주는 사건이 되었다. 전쟁을 통해 이루어진 광범위한 주민 학살과 물적 파괴는 주민들 스스로 반미의식을 수용하고 내재화하는 결과를 초래한 것이다. 이는 어떤 신념이 위로부터 주입되는 것만이 아니라 아래로부터 겪은 체험과 이중관계 속에서 형성되는 것을 보여준다(한성훈, 2020).

이것은 푸코가 클라우제비츠의 공리를 뒤집어 주장한 "정치란 다른 수단에 의해 지속되는 전쟁"임을 명확하게 보여준다(미셸 푸코/박정자 옮김, 1998). 이런 점을 감안하여 우리가 평화지향의 문화를 만들려면 국가주의적 동원문화와 국가적 기념에 대한 성찰과 대안 마련이 중요하다는 점을 인식할 수 있다. 남북이 이념 대립 과정에서 만들어놓은 수많은 기념물과 기억문화를 시민사회의 성숙한 역량으로 성찰하여 인류 보편적인 가치인 평화를 상징하는 기념물로 대체하거나 역사적 기억을 재해석하여 만드는 작업이 필요할 것이다.

한국전쟁은 왜 평화에 대한 지혜의 보고가 되지 못하고, 갈등과 냉전의 박물관으로 남아 있을까? 이는 한국 사회가 그동안 전쟁의 최전선에 있었던 것을 자랑스러워했으며, 평화를 성취하는 데 실패하고 국제 평화에 기여하지 못한 것을 조금도 부끄러워하지 않았기 때문이다(김학재, 2015).

이런 점에서 특히 남북이 체제선전과 분단체제를 정당화하는 기념물과 기념문화를 대체할 대안을 시민사회에서 정부에 제안하고 여론화하는 작업도 필요해 보인다. 하지만 역사에 대한 해석을 둘러싼 각 이해집단의 충돌은 많은 저항을 받기 때문에 오랜 시간 조정과 합의를 위한 노력이 필요하다. 그런 점에서 요한 갈퉁이 간파했듯이 갈등을 '초월(trenscent)'하는 지혜가 더 중요할 듯하다.

이와 함께 민족주의 시대 이후에 제시된 가치들을 포괄하는 민족주의를 넘어서는 가치들로 통합의 기반을 마련해야 한다(김학재, 2015). 그래서 남북한의 평화문화 정착을 위하여 비무장지대에 국제평화지대를 만들고 평화대학을 설립하는 것이 필요하다. 이곳을 인류 보편의 평화문화를 정착시키는 요람이자 보금자리로 만들어서 세계 평화를 연구하고 구현하는 여러 활동을 해나가는 것이 의미가 클 것이다. 젊은이들을 중심으로 활력이 넘치는 국제평화지대를 만들어 평화문화의 발신지가 되어 세계 여론의 주목을 받는다면 많은 사업을 해나갈 수 있을 것이다. 특히 이 지역이 적절한 것은 앞에서 언급한 평화역량의 다층적 차원인 자신과의 관계, 타인과의 관계, 공동체와의 관계, 자연과의 관계에서 새로운 관계 설정을 할 수 있는 적지(適地)라고 생각하기 때문이다. 단절과 소외의 공간인 비무장지대에서 전혀 다른 이념과 차이를 녹여서 융합하는 공간으로 만들겠다는 발상의 전환을 할 필요가 있다. 이렇게 할 수만 있다면 문명사적인 전환을 이룰 수 있는 장소로서 손색이 없을 것이다.

우리가 주도하는 한류가 세계적으로 각광받고 있고, 한류를 향유하고 싶어 하는 주 계층이 변화를 즐기고 창의성을 발휘할 수 있는 젊은 세대들이기 때문에 가능할 수 있는 조건은 마련되어 있다고 판단된다. 이러한 시도가 성공하게 되면 평화와 통일교육세대가 포용성과 상호이해로 나아가는 플랫폼을 확보하여 창의적인 발상으로 문제해결력을 발휘할 수 있을 것이다.

3. 결론 및 제언

유네스코 헌장 서문은 평화를 증진시키는 방안으로서 "문화를 널리 전파하고 정의, 자유, 평화를 교육시키는 것이 인간의 존엄성에 불가분한 요소이며 모든 국가들이 상호 지원과 협력의 정신하에 완성해야 하는 신성한 의무"라고 보았다. 그러면서도 "정부 간 정치적·경제적 협의에만 기초한 평화는 전 세계인들로부터 만장일치를 받는 지속 가능하며 건실한 지원을 확보할 수 있는 평화가 아니다"라고 단정하였다. 오랜 역사적 경험으로 정치적 타협이나 협약 등으로 평화가 증진되지는 않는다고 확신한 것이다.

평화권은 인권의 한 분야로서 정립되어 가는 중이다. 본격적인 논의가 이루어진 것은 1997년 유네스코 총회였다. 유네스코 총회는 평화권 선언문을 채택하려 했으나 미국을 비롯한 유럽국가가 선언문 채택에 반대하고 나섰다. 미국이 평화권을 위와 같이 인식한 것은 국제질서의 패권국 입장에서 평화권이 실정법으로서 규범력을 가지게 되었을 때 이것이 어떤 의미인지 정확하게 알고 있었기 때문이었다. 흥미로운 점은 한국과 일본인데 일본은 가장 강력한 형태의 평화헌법을 가지고 있는 나라이고, 한국은 평화가 위태로운 나라임에도 불구하고 두 국가 모두 평화권에 지속해서 반대해왔다는 점이다. 이에 대해서 정부 차원의 각성을 촉구하고 이끌어 나갈 시민사회의 성찰과 연대가 필요해 보인다.

김학재가 간파했듯이 민족주의 시대 이후에 제시된 가치들을 포괄하는 민족주의를 넘어서는 가치들로 통합의 기반을 마련해야 한다. 이런 점을 감안한다면 우리가 평화지향의 문화를 만들기 위해서는 민족적 서사나 국가주의적 동원문화에 대한 재검토가 필요하고, 국가적 기념에 대한 성찰과 대안 마련이 중요하다는 점을 인식할 수 있다.

근대국가 차원에서 평화와 통일이란 정치와 체제의 문제이자 그 정치공동체와 구성원과의 관계를 말한다. 이런 차원에서 남북의 국가와 정치에서 자유로운 비무장지대에 국제평화지대를 만들고 평화대학을 설립하는 것이 필요하다고 생각한다. 이러한 구상이 가능한 요건으로 우리에게는 한류라는 문화자본이 있고, 한류를 향유하고 싶어 하는 주요한 계층이 변화를 두려워하지 않고 창의성을 발휘할 수 있는 젊은 세대들이 있음을 꼽을 수 있다. 비무장지대는 평화역량의 다층적 차원인 자신과의 관계, 타인과의 관계, 공동체와의 관계, 자연과의 관계에서 새로운 관계설정을 할 수 있는 적지라고 생각한다.

단절과 소외의 공간을 전혀 다른 이념과 차이를 녹여서 융합하는 공간으로 만들겠다는 발상의 전환을 할 필요가 있다. 이렇게 할 수만 있다면 문명사적인 전환을 이룰 수 있는 장소로서 비무장지대만 한 곳이 없다고 생각한다. 한반도 평화와 인류 평화를 추구하는 플랫폼을 조성한다는 발상으로 국제 평화지대와 평화대학을 비무장지대에 조성하는 방안을 고려해봄직하다고 제안한다. 이러한 시도가 성사되면 평화와 통일교육세대가 포용성과 상호이해로 나아가는 플랫폼을 확보하여 창의적인 발상과 문제해결력을 발휘할 수 있을 것이다.

제4장

매체의 역사

오종현(전남대학교 교육문제연구소)

챕터 개요

인류 문명의 발전은 의사소통에 큰 영향을 받았다. 정보와 지식, 가치가 소통을 통해 공유됨으로써 문명의 발전을 이룩한 것이다. 이는 기술 발전과 밀접하게 관련되어 있는데, 기술의 발전에 따라 새로운 매체가 등장하였기 때문이다. 예를 들어 인쇄술의 발전은 인간의 의사소통을 음성 중심에서 문자 중심으로 바꾸어 놓았다. 정보의 공유 범위와 균질성이 비약적으로 증대되었으며, 곧 문맹률이 사회발전의 척도로 규정되게 되었다. 4차 산업혁명의 도래는 새로운 형태의 의사소통이 주목받는 시대로 인간과 인간의 의사소통뿐만 아니라 인간과 기계의 의사소통이 변화된다. 디지털 세계의 정보를 상징체계를 넘어 인간의 오감에 직접 전달하고, 행위나 사고를 통해 입력을 실시함으로써 새로운 의사소통의 영역을 열어주게 된다. 즉 물리적 영역과 가상의 영역이 가진 벽을 허무는 시대가 되는 것이다.

1. 의사소통

인류의 시작점에서 의사소통은 생존을 위한 문제였다. 자연의 위협 속에서 연약한 인간은 지식을 주변인 혹은 자손에게 전달함으로써 공동체를 유지할 수 있었다. 지식 전달과 수용작업은 일대일 혹은 일대다의 형

태로 시간적으로 여러 대에 걸쳐서 진행되었고, 공간적으로 확장 혹은
은폐되는 방식으로 진행되었다. 인류는 이러한 흐름을 기반으로 문화나
국가를 만들어 낼 수 있었고, 소위 '세계 4대 문명'으로 대표되는 거대
문명 또한 이룩할 수 있었다.

　이러한 확장이 가능한 것은 의사소통 활동이 단순 교류나 전달에서
그치는 것이 아니라 지식의 누적과 연결되기 때문이다. 인간은 다수의
지식과 경험을 전달하고, 기억하는 가운데 음성이나 문자의 형태로 정보
를 저장할 수 있었다. 예를 들어 설화나 노래는 음성을 통한 정보 누적
의 형태를 보여준다. 사람들이 기억하기 쉬운 형태로 음성을 변형하여
사용하는 것이다. 우리에게 익숙한 단군왕검 신화나 서양의 일리아스
(ILIAS)와 같은 작품들은 선사시대의 인류가 음성언어를 통해 정보를 누
적하고 전달했음을 보여준다. 이후 문자가 개발되고, 이를 통한 지식의
문자화가 이루어지면서 선사시대의 지식은 오늘날까지 전달될 수 있었고,
많은 이들에게 영감을 주고 있다.

　의사소통을 의미하는 커뮤니케이션은 라틴어 'communicare'에서 비
롯되었다. 이는 신이 인간에게 덕을 나누어주는 것과 관련된 것으로 한
존재나 물체가 지니고 있는 속성이나 가치를 타인에게 전달하고 나눔을
의미한다. 즉, 공적인 가치가 내재된 것으로 단독으로 존재하는 개념이
아닌 둘 이상의 존재에 의해서만 성립할 수 있는 개념이다. 결국 이를
인간의 영역으로 전환하여 이야기할 경우 개인이 아닌 공동체의 개념과
밀접하게 연결된 것이라 할 수 있다. 실제로 의사소통은 동일한 문화나
언어, 역사 등 동질감을 느끼고 있는 사람들에 의해 이루어지며 이것이
확장될 경우 전 세계적인 영역으로까지 확대된다 할 수 있다.

　이 과정에서 매체는 의사소통을 위해 사용되는 도구라고 할 수 있다.
하나의 정보나 사고가 타자 혹은 여러 집단에 광범위하게 전달될 때 이

를 내재하고 있는 도구가 바로 매체이다. 즉 매체는 일종의 컨테이너라고 할 수 있다. 과거 매체의 역할은 크게 주목받지 못하였다. 메시지 자체에 대한 주목과 해석이 중요한 것으로 여겨졌으며 정보를 전달하는 매개물의 가치는 주목받지 못하였던 것이다. 그럼에도 불구하고 오늘날 매체의 가치는 무척이나 주목받는다. 인간이 정보나 사고를 전달할 때 인간은 매체에 맞춰서 자신의 메시지를 가공한다. 이 과정에서 매체에 따른 변형과 첨삭이 진행되는 것이다. 또한 메시지를 해석하는 사람 또한 전달되는 매체에서 나온 메시지를 자신이 대상 매체에 대해 사용하고, 이해하는 방식으로 해석하게 된다. 결국 매체는 메시지의 내용과 질을 결정지을 뿐만 아니라 전달과 이해 모두에서 가장 중요한 요소이다.

앞서 살펴본 바와 같이 의사소통의 가장 큰 특징은 두 명 혹은 그 이상의 다중이 참여한다는 점이다. 메시지의 전달이라는 의미는 곧 발신자와 수신자를 전제하는 것으로 2인 이상의 다중이 있어야만 의사소통이 가능하다. 또한 의사소통은 발신자와 수신자의 메시지를 교환하는 작업이다. 즉 양자의 아이디어나 사고, 생각 등을 교환하게 된다. 이 과정에서 발신자와 수신자는 양자가 공통적으로 사용하는 매체에 대한 이해가 필요하다. 만약 한 쪽이 매체에 대한 이해가 전무하다면 매체 속에 담긴 메시지를 이해할 수 없기 때문이다. 이 과정에서 의사소통은 직접적 혹은 간접적인 형태로 진행될 수 있으며, 문자에 기반한 방식뿐만 아니라 다양한 형태의 매체를 통하여 진행될 수 있다.

아리스토텔레스(Aristotle)의 의사소통 모델은 발신자가 메시지를 수용자에게 전달하는 방식이다. 이는 가장 단순한 모델임과 동시에 의사소통의 가장 기본적인 모델이라고 할 수 있다. 그러나 사회환경과 매체의 변화 속에서 송신, 수신, 소음 등의 개념이 삽입되기도 하였다(Shannon & Weaver, 1949). 전기제품의 등장 속에서 메시지를 송신하고, 수신하는 작업이 나타났으며, 특히 기기에 영향을 미치는 소음이 등장하였다. 슈람(Schramm, 1954)의 모델은 여기에서 조금 더 나아가 발신자가 발신자와 수신자의 경험을 고려한다. 즉 양자 간의 공유된 경험이 있어야 의사소통이 진행될 수 있다고 본 것이다. 또한 슈람의 모델에서는 특정 상황이나 설정에 따라 메시지의 의미가 달라질 수 있다는 점과 사회, 문화, 교육, 가치 등 여러 요인에 의해 의사소통 시스템이 직접적으로 변화될 수 있음을 보여준다.

의사소통은 크게 7단계로 이루어진다. 먼저 발신자는 메시지를 보내는 사람이다. 이는 타자에게 메시지를 보내는 존재로 매체에 자신의 메시지를 저장한다. 이 과정에서 발신자는 메시지를 내재할 매체를 선택하게 되며, 메시지 또한 매체에 맞춰 재가공된다. 다음으로는 부호화이다. 수신자가 이해할 수 있도록 체계화된 형태로 메시지가 매체 안에서 변형된 것을 뜻한다. 다음은 전달 단계이며 메시지가 기기 등을 통해 수신자에게 전달된다. 수신자는 이를 지각을 통해 인지하고, 다섯 번째 단계인 해독의 영역으로 진행한다. 해독과 해석이 이루어지는 과정에서 수신자는 사용된 매체를 통해 메시지를 이해하는데 이 과정에서 전달자와 생각이나 감정이 일치하지 않아 오류가 발생하기도 한다. 이후 발신자의 메시지를 이해하고, 그에 맞게 피드백하는 형태로 의사소통이 완성된다.

일련의 과정 속에서 의사소통은 언제든 잘못 이루어질 가능성을 내재하고 있다. 발신자와 수신자의 매체에 대한 이해도가 다르고, 전달 당시의 감정과 경험, 해석 능력이 다르므로 의사소통의 오류가 언제든 발생할 수 있는 것이다. 따라서 피드백의 역할이 매우 중요한데, 이는 수신자와 발신자 사이의 전달과 수용이 적절하게 이루어졌는지를 볼 수 있는 창 역할을 하기 때문이다.

한편 의사소통의 방식을 몇 가지 유형으로 분류한다면 먼저 바퀴형 혹은 X자형은 특정 조직이나 집단 내에 리더의 역할을 하는 사람을 중심으로 의사소통이 진행되는 경우이다. 이는 리더를 중심으로 개개의 구성원이 연결되므로 리더가 구심점 역할을 하게 된다. 또한 개개의 구성원들은 직접적인 의사소통이 이루어지지 않거나 이루어진다 하더라도 피상적인 경우로 진행된다. 이는 리더에 의한 정보독점이 이루어지기 쉽기 때문에 정보공유와 전체 소통에 있어서 문제가 생길 여지가 존재한다. 그럼에도 이와 같은 방식은 높은 효율성을 보이기 때문에 회사나 특정 집단의 '팀' 형태로 진행되는 모습을 종종 볼 수 있다.

연쇄형은 일종의 사슬과 같은 구조를 지닌다. 의사소통에 참석한 사람들이 연속적으로 다음 사람에게 정보를 전달하는 방식으로, 수직적인 형태의 사회나 집단 구조 속에서 쉽게 찾아볼 수 있다. 즉 직급에 따라 상층부에서 하층부에 의사가 전달되는 것이다. 이러한 구조는 건너가는 단계가 많을수록 메시지가 왜곡되기 쉬우며, 전반적인 의사소통이 잘 이루어지지 못할 위험성을 내재하고 있다.

Y자형은 앞서 나온 X자형과 연쇄형을 결합한 것으로, 앞서에서 보이는 대표나 리더가 명확하게 활동하는 방식은 아니지만 조정자 역할을 하는 사람을 중심으로 주요한 소통이 진행된다. 보통 Y자형은 단순 문제 해결에 적합하며, 조정자가 특정한 대표로서 가치를 지니지는 않는 편이다.

원형은 집단의 구성원들 간의 소통이 분산된 형태이다. 각각의 구성원이 평등한 관계를 지향하고 있으며 소통 속도가 늦다는 단점이 있다. 그럼에도 개별 구성원들 모두가 정보를 얻고, 표출할 수 있다는 점을 통해 집단적 지식이나 성찰, 고민을 필요로 하는 과정에서 매우 효과적인 결과를 낳기도 한다. 따라서 위원회나 TFT(Task Force Team)와 같은 집단에서 유용하다. 참여한 개개인이 전문적이고 권위를 지니고 있을 경우, 특정 사안에 대해 다양하고 평등하게 생각을 개진하고, 반박할 수 있다.

물론 시간적인 비효율성이 존재하며, 많은 경우 명확하고 획기적인 형태로 해결책이 제시되기보다는 공통이 합의할 수 있는 차선책이 대안으로 제시되는 경우가 많다.

완전연결형은 가장 이상적인 형태의 의사소통 구조이다. 이는 구성원 모두가 참여할 뿐만 아니라 상호 간에 다양한 형태와 관계를 기반으로 의사소통이 진행되는 구조이다. 모든 구성원이 자유롭게 의사소통할 수 있으며, 특정 상황이나 사건에 대해 집단적인 힘을 내기에 가장 적합한 구조라고 할 수 있다. 이러한 특징으로 인하여 가장 각광받는 구조이나, 실제로는 가장 만들기 어려운 구조이다. 다수의 인간이 모여 있는 집단 내에서 개별 구성원 모두가 서로 간에 동일하게 호감과 의사소통 능력, 의지를 가져야 하기 때문이다. 결국 가장 이상적이라는 규정은 곧 가장 실현 불가능한 방식임을 보여준다.

2. 매체에 따른 사회변화

1977년 영국의 음성학자인 데니스 프라이(Dennis Fry)는 『호모 로퀜스』(Homo Loquens)를 통하여 언어가 인간의 가치를 결정짓는 중요한 특질임을 이야기하였다. 그는 인간의 언어가 특정 현상이나 단편적인 의사전달을 실행할 뿐만 아니라 비가시적인 추상 가치를 규정하고, 논의할 수 있다는 것에 주목하였다. 즉, 동물의 소통과 인간의 소통 사이에 '추상성'이 삽입됨으로써 양자 간의 결정적인 차이를 가져온다고 본 것이다. 추상성의 활용은 곧 인간의 상상력을 자극하였고, 그에 따른 사고력 확장을 가져왔다.

음성만이 시원기 인간의 의사소통 방식은 아니었다. 라스코 동굴(Lascaux

Caves)이나 알타미라 동굴(Cave of Altamira)에서 발견되는 동굴벽화는 선사시대 인간의 의사소통을 잘 보여주는 대표적인 매체로 매체의 영역이 시각적인 분야로 확장되었음을 보여주는 좋은 예이다. 원시인들의 미술 행위는 익히 알려진 바처럼 단순히 예술적 아름다움 추구보다는 제의적인 개념에 초점을 맞춘다. 시각적으로 표현된 대상을 공격하거나 이를 그림으로 표현하는 과정을 통해 대상을 사냥했거나 사냥할 수 있다고 여기는 것이다.

이 같은 제의적인 요소는 매체의 개념과 중요한 연결성을 갖는데 다수의 대중이 존재하는 곳에서 진행되는 제의적 행위나 절차, 상징물의 사용이 모두 일종의 매체로서 작동하기 때문이다. 제의에 사용되는 건축물의 경우 제의의 공간을 제공하는 곳이자 그 자체가 신성한 영역으로 규정되며. 사회 구성원들에게 소속 공동체를 인식하고 가치를 부여하도록 만들었다. 또한 솟대나 금줄과 같은 도구들은 경계를 표현하는 도구로 사용되었다. 특정 도구나 상징물에 가치를 부여함으로써 하나의 매체로 활용된 것이다. 이 과정에서 사람 또한 매체로 사용되었으며 메시지를 담은 메신저로서 사용되었다.

한편 생존을 위한 커뮤니케이션이 체계화, 일률화되면서 원시적인 개념의 교육이 등장하기 시작하였다. 부모가 자식에게, 경험이 있는 사람이 그렇지 않은 사람에게, 지식이 많은 사람이 지식이 없는 사람에게 정보를 전달하면서 기초적인 형태의 교육이 진행된 것이다. 이는 결국 교육이 인류 역사의 시작점에서부터 존재한 것으로 인류의 생존과 보다 나은 삶을 위해 필수적인 도구였음을 보여준다. 이후 역사가 진행되어가는 과정 속에서 교육의 형식과 구조, 체제 등은 다양하게 변화되었다. 사회집단의 요구와 처한 상황에 따라서 각기 필요한 형태로 변화 및 진행된 것이다. 그럼에도 불구하고 모든 문화권에서 공통적으로 교육은 정보의 전달과 수용이라는 커뮤니케이션 시스템을 사용하였다.

일반적으로 교육에서 사용되는 가장 일상적인 매체는 음성언어였다. 인간은 자신들의 음성을 통해 교육받는 대상에게 정보를 전달하였다. 연장자의 충고나 교사의 강의는 가장 보편적이며 익숙하게 진행된 음성언어 기반의 교육 방법이었다. 실제로 음성은 거의 생득적으로 존재하는 것으로 대다수 사람은 자신의 문화권 내에서 사용되는 음성언어를 쉽게 체득한다. 출생 이후 성장 과정 속에서 익히게 되는 모국어는 문화 공동체 내에서 통용되는 암묵적인 약속이자, 공통의 매개체였다. 일반적으로 모국어는 타국어와 달리 빠른 시간 동안 습득되며, 일반적으로 생이 다하는 때까지 사용할 수 있다. 모국어에 대한 빠른 적응과 습득 이유가 무엇이든 간에 인간은 쉽게 이를 취득한다. 그리고 이를 통하여 유아기부터 점차 공동체가 중요시하는 지식과 가치를 취득 및 인지하게 된다.

문명이 발달하면서 등장하게 되는 잉여 생산물은 교육의 방법 또한 변형시켰다. 보다 장시간의 훈련과 학습 작업이 필요한 문자에 기반한 교육이 가능하도록 만들었기 때문이다. 문자는 정보를 특정 물질에 기록함으로써 지식의 확산 영역이 광범위하게 넓어지도록 만들었고, 동시에 음성이 지니고 있는 시간적인 한계 또한 극복할 수 있도록 만들었다. 음성언어는 명백히 시간과 공간의 한계 속에 존재하였는데, 이를 극복할 수 있는 수단을 제공한 것이다. 매체의 변화는 정보를 주고받는 양측 모두의 삶과 메시지 전달 방식을 변화시켰다. 메시지의 이동이 물리적 거리와 시간적 간극에서 보다 자유로워지게 되었으며 음성에서 나타나는 왜곡 현상 또한 적어지게 되었다.

한편으로 문자확산은 장기적으로 볼 때 기존에 음성을 통하여 정보를 전달하던 방식을 변형시켰다. 서사시나 이야기로 대표되던 정보 전수 방식이 점차 쇠퇴하기 시작했으며, 이는 점차 하나의 여흥장르화되었다. 문자문화의 발달은 구술문화의 표현방식을 변화시켰고, 노래나 이야기가 지니는 매체적 기능은 다수 상실되게 되었다.

서양의 경우 중세로 접어들면서 일종의 역전현상이 나타나게 된다. 일상 속에서 구어의 가치와 비중이 증대된 것이다. 그리스 · 로마 시대를 거치며 증대된 문자 사용의 활성화는 로마 말기의 사회적 혼란과 중세 초기에 가해진 사회적 위협과 파괴 속에서 위축된다. 특히 노르만(Norman)족과 마자르(Hungarian) 족으로 대표되는 이민족의 침입과 폐쇄적인 특징을 지닌 장원경제의 발달은 문자학습자의 숫자 감소와 문자에 기반한 소통의 필요성을 감소시켰다. 대다수 사람들은 안전을 위해 자신이 거주하는 지역을 떠나지 않았고, 촌락 혹은 소규모 공동체를 이루고 살았다. 공간적으로 제한되는 특수 상황은 문자가 지니고 있는 메시지 전달 공간의 확장이 가능하다는 장점을 약화시켰다.

또한 중세 내내 나타난 낮은 농업 생산량은 잉여 생산물의 확보를 어렵게 만들었다. 문자는 교육을 통해서 습득되는 것이므로 교육이 이루어지는 기간 동안 노동하지 않아도 생존할 수 있는 잉여 생산물이 필수적이다. 그러나 농업 생산량이 낮은 환경은 특수한 일부를 제외하고, 대다수의 사람들에게 교육을 받을 수 있는 경제적 환경을 제공하지 못하였다. 거기에 교육의 기회가 사회 구조적으로 주어지지 않았으므로 문자문화는 이들과는 거리가 먼 것이 되었다. 다만 소수의 공공영역에서 문어를 기반으로 한 의사소통이 존재하였다. 궁정/성, 수도원/대학, 도시 자치단체, 교회 등의 소수 공간에서는 문어가 존재할 수 있었다.

중세 동안 구술문화의 힘은 압도적이었고, 문자문화는 특수한 기술로 자리 잡았다. 특히 수도사들은 고립된 공간에서 필사를 통해 문자문화를 보존하였는데, 이들의 필사작업은 외부에서 행해지는 육체노동과 같은 훈련이자 고행으로 평가받았다. 인쇄문화가 발달하던 초기까지 이들의 노동은 가치 있다고 여겨졌으며, 단순히 텍스트를 베끼는 데서 그치는 것이 아니라 서책을 꾸미고 장식하는 문화가 나타나면서 하나의 예술품화되기도 하였다.

그러나 수기를 기반으로 하는 문자문화는 1440년 요하네스 구텐베르크(Johannes Gutenberg)가 인쇄와 관련된 진보를 이뤄냄으로써 큰 변화를 맞이하게 된다. 익히 알려진 바처럼 그는 유럽 내에서 최초로 금속활자를 인쇄에 사용하였다. 금 세공인이었던 구텐베르크는 마인츠(Mainz)에서 요한 푸스트(Johann Fust)의 후원을 받아 금속활자를 만들어냈을 뿐만 아니라 인쇄 속도와 대량인쇄가 가능한 인쇄기와 인쇄용 잉크 등을 개발하였다. 인쇄술의 개발 이후 가장 먼저 편찬된 서적은 성서였다. 성서는 당대 가장 많이 팔리는 책이자, 가장 넓은 영역에서 유통 가능한 서적이었다. 즉, 성서 텍스트가 지니는 상업성이 생산의 동기가 된 것이다. 이후 구텐베르크의 노력은 독일 전역을 거쳐 유럽 전체로 확산되었다. 독점적으로 기술을 소유하고자 했던 노력에도 직인과 기능공들의 이동 속에서 기술의 확산이 이루어진 것이다. 비록 구텐베르크는 혁신적인 기술을 개발하였음에도 어려운 삶을 살았으나, 그의 기술은 유럽 전역의 커뮤니케이션 시스템을 바꾸어 놓았다.

인쇄술의 개발과 그에 따른 인쇄물의 대량 생산은 정보에 있어서 동일 내용의 대량생산과 빠른 생산이 가능하게 해주었다. 동일 내용의 대량생산은 유럽 전역 혹은 그 이상의 범위에 해당하는 영역까지 균질한 정보가 확산될 수 있음을 의미한다. 이전에 존재하던 정보 소유 구조를 변화시켰으며 소수에 의해 진행되던 정보의 독점 상황 또한 서서히 변화되기 시작했다. 비록 높은 문맹률로 인해 모든 사람들이 정보를 접할 수는 없었으나 점차적으로 확산되는 정보들은 구술문화와 만나며 더욱 광범위하게 확산될 수 있었고, 사회적인 변화의 동인이 되기도 하였다.

엘리자베스 아이젠슈타인(Elizabeth Eisenstein)에 따르면 구텐베르크의 기술 개발은 종교개혁과 과학혁명, 프랑스혁명이 가능하게 만든 토대였다. 앞서 언급한 바와 같이 인쇄술의 개발은 곧 인쇄물에 기반한 공감장(共感場)의 출현을 의미한다. 정보의 확산 속도가 상승하면서 개별 학자나 사상가들의 사고는 지역적 단위의 영향력을 지니는 것이 아니라 인쇄물이 닿는 거리까지 영향력을 갖게 된다. 즉 유럽 내 특정 지역에서만 발생할 수 있었던 영향력이 전 유럽으로 확장될 수 있음을 의미하는 것이다.

예를 들어 1517년에 이루어진 종교개혁은 이전의 개혁 운동과 달리 인쇄술의 힘을 등에 업고 있었고, 반가톨릭적 기치를 지닌 내용의 선전물을 통해 생각을 공유하였다. 가장 대표적인 텍스트인 루터의 '95개 조항'(95 Theses)의 경우 비텐베르크의 성 교회(Schlosskirche) 문에 붙여진 두 달 만에 전 유럽으로 텍스트가 확산되었으며, 루터의 독일어 성서의 경우 초판본 2천 부가 단기간에 매진되는 상황을 겪기도 하였다.

이러한 현상은 루터 이전에 존재하던 개혁적인 움직임이 지역 단위에서 그친 것과 명백한 대조를 이룬다. 14세기에 활동한 영국의 존 위클리프(John Wycliffe)나 14세기 말에서 15세기 초에 활동한 체코의 얀 후스(Jan Hus)는 루터와 비슷한 형태의 개혁적인 움직임을 보였다. 설교에서 자국어를 중시하고, 자국어를 사용한 성서나 찬송가에 주목하였으며, 기존의 가톨릭이 제시하던 방식에서 벗어나 훨씬 대중 지향적인 모습을 보였다. 그럼에도 이들의 활동이 가톨릭을 위협할 수 있는 수준으로까지 번지지 못한 것은 정보의 확산과 공감장의 크기가 작았기 때문이다. 이들의 개혁적 움직임에 주는 사람이 유럽 전체로 보았을 때는 그리 많지 않았던 것이다.

반대로 루터의 종교개혁은 의도성에 의한 것은 아니었다. 단지 면벌부

의 부당한 판매에 항의하고자 하는 의도에서 개혁이 시작되었으며, 논의
또한 대중과는 거리가 먼 라틴어로 기술되었다. 그러나 15세기 중·후반
에 이루어진 인쇄술의 보급 속에서 루터의 개혁적 움직임은 인쇄업자들
에게 경제적인 이익을 주었다. 따라서 대량생산과 유통이 이루어지는 가
운데 개혁에 대한 열망이 하나로 묶일 수 있었던 것이다.

인쇄술의 발달에 따른 공감장의 확대는 과학혁명에도 결정적인 영향
을 미쳤다. 유럽의 학자들은 자신의 연구 및 업적을 출판할 수 있었고,
이를 통해 사실상 '학계'가 만들어질 수 있었다. 새로이 발견되고, 정의
된 과학적 사실이 인쇄를 통하여 유럽 전역에 퍼질 수 있었고, 이러한
토대는 다음 세대로 하여금 이전의 지식을 성찰하여 나아갈 수 있도록
만들어 주었다. 근대 초 유럽에서 나타난 과학의 빠른 발전 이면에는 지
식을 공유할 수 있는 인쇄물이라는 매체가 존재하고 있었던 것이다.

인쇄술의 영향력은 특히나 정치적인 격변 속에서 명백하게 드러났다.
18세기 말에 전 유럽을 변화로 몰고 간 프랑스혁명은 수없이 많은 인쇄
물을 남겼다. 혁명 이전부터 학자들은 인쇄물을 통해 국가와 정치체계,
사회문화 등 다양한 분야의 논의를 진행하였다. 프랑스혁명이 발발한 이
후 인쇄물의 숫자는 폭증하였는데 혁명의 진행 과정을 전달하는 뉴스를
비롯하여 자신들의 정당성을 알리기 위한 인쇄물, 타자를 비난하기 위한
인쇄물, 특정 세력에 대한 옹호를 위한 인쇄물 등 다양한 목적성을 지닌
인쇄물이 출현하였기 때문이다. 혁명 상황에서 발간된 인쇄물의 영향력은
프랑스 내부에만 그친 것이 아니었으며 작게는 유럽, 넓게는 유럽의 영
향력이 미치는 전 영역을 포괄하고 있었다. 또한 프랑스 혁명은 근대 민
주주의 국가의 성립이라는 문제와 연결되었기 때문에 사실상 오늘날까지
도 영향력을 미치고 있다고 할 수 있다.

매체의 역사에서 전기를 적극적으로 이용하는 2차 산업혁명의 도래는

매체와 의사소통에 획기적인 전환을 가져왔다. 기존의 인쇄술과는 비교할 수 없을 정도로 빠른 속도로 정보를 이동시킬 수 있게 되었으며, 보다 광범위한 영역으로 정보를 전달할 수 있었던 것이다. 지구의 물리적인 거리는 이전과 동일하였으나 정보소통과 이해의 거리는 극도로 좁혀지게 되었다. 특히 전신기술의 발달과 모스부호의 등장은 인간이 지니고 있는 음성과 문자라는 언어체계에 대해 새로운 접근이 가능하도록 만들었다. '부호'의 활성화는 곧 인간의 문자 자체가 하나의 상징적인 '표식'임을 명백히 보여주는 것이기 때문이다.

　실제로 20세기 초에 나타난 언어에 관한 연구는 언어가 자의성과 차별성을 지닌 불완전한 도구임을 보여주었다. 스위스의 언어학자인 소쉬르(Ferdinand de Saussure)는 개인이 산출한 발화에 의미를 부여하여 발화가 이루어지도록 하는 추상체계를 랑그(Langue)로 정의하였으며 개인이 지닌 개성적인 스타일을 파롤(Parole)이라고 규정해 구분하였다. 또한 그는 언어가 하나의 기호로서 자의성(arbitrary)를 갖고 있음을 강조하였는데 기의와 기표 사이에 당위성과 연관성이 존재하지 않음을 드러냈다.

　언어의 실재적 의미는 개인이 속한 문화 속에서 개개인이 구성해 낸 정의로 만들어지는 것으로 개개인의 구성방식에 의해 다르게 이해되고, 전달될 수밖에 없는 것이다. 언어의 한계성에 대한 지적은 인류 역사 속에서 가장 중요한 역할을 담당해온 매체가 지닌 한계성에 대한 지적이기도 했다. 결국 20세기의 매체들은 단순히 언어를 싣는 것에서 그치지 않고, 다각적으로 인간의 감각에 접근하게 되었다.

　20세기 중반에 접어들면서 나타나는 기술의 빠른 진보는 매스 미디어(Mass Media)를 출현시켰다. 전기를 통해 음성과 영상을 전달할 수 있게 되었으며 대량 생산을 통해 기기들을 보다 저렴한 가격에 널리 보급할 수 있게 되었다. 이는 정보의 수용과 획득이 더욱 광범위하고 평등하게 이루어질 수 있게 되었음을 의미한다. 일반 대중이 이제 더 쉽게 정보를 얻을 수 있게 된 것이다.

특히 텔레비전과 라디오의 등장은 구텐베르크 이후 문자 중심이었던 매체의 영역을 다시 음성 중심으로 변환시켰다. 문자라는 추상적 도구를 익혀야 한다는 진입장벽을 음성에 기반한 전달도구를 통해 낮추게 된 것이다. 텔레비전은 음성과 함께 시각이라는 감각기관을 통해 방대한 정보를 전송함으로써 단면적인 형태의 정보전달이 아닌 다양한 감각에 기반한 정보전달을 이루어냈다. 정보의 전달과 개인의 수용에 있어서 다중적인 형태의 진행이 가능하게 만든 것이다.

기본적으로 매스미디어의 출현은 대단위의 정서적 공감장을 만들어낸다. 국가나 민족, 문화권이라는 특정 권역을 넘어 상호 공감하고, 이해할 수 있는 소통의 틀을 만들어 낸 것이다. 마샬 맥루한이 주창한 '세계화'(Globalization)의 개념은 이러한 매스미디어의 특징에 따른 것이며, 미디어 아트로 유명한 백남준의 TV와 인공위성을 이용한 활동으로 대형 미디어가 만들어 낼 새로운 세계를 보여주었다.

3차 산업혁명의 도래는 또 다른 형태의 매체변화를 가져왔는데 컴퓨터와 인터넷으로 대표되는 가상공간이 탄생했기 때문이다. 이 공간은 이전의 어떤 매체보다 빠른 속도로 대량의 정보가 전달되도록 만들었다. 또한 기존의 일방향적인 정보 공급 형태에서 쌍방향적인 정보소통이 가능하도록 만들었다. 즉 가상공간 속에서 정보의 전달과 수용이 가변적으로 일어날 수 있는 환경을 제공한 것이다. 가상공간은 존재하지만 존재하지 않는 공간으로 신호로서 존재하는 공간이다. 그러나 인간의 사고와 정보 소통이 지니고 있던 물리적 한계성을 극복한 공간으로 진정한 의미의 세계화가 이루어질 수 있는 영역이라 할 수 있다.

3. 실감미디어의 매체상의 가치

Z세대(Generation Z)의 등장은 새로운 세대로 전환이 이루어지고 있음을 보여주는 신호탄이다. 이들에 대한 규정은 학자들마다 이견이 있으나 1990년대 중·후반에서 2010년대에 출생한 세대를 의미한다. Z세대가 보여주는 가장 큰 특성은 어릴 때부터 인터넷과 그에 관련된 장비의 활용에 익숙한 세대라는 점이다. 이들은 IT기술에 익숙하고, 가상의 공간에서 소통하는 데 있어서 거부감이 없다. 따라서 디지털 원주민(Digital native)이라는 Z세대를 칭하는 호칭은 타당성을 갖게 된다.

Z세대의 등장과 성장은 매체를 활용하는 세대와 문화가 변경되고 있음을 의미한다. 기존 세대가 익숙히 여기던 매체들은 점차 소외받거나 심지어는 사장되는 모습을 보여준다. 예를 들어 20세기에 가장 큰 위상을 보여주던 텔레비전은 점차 낮아지는 시청률과 관심에 직면하고 있다. 주 시청층이 점차 노령화되어가고 있으며 Z세대의 경우 전체를 시청하기보다는 부분적인 형태의 시청을 선호하는 모습을 보인다. 유튜브와 온라인 커뮤니티에서는 주로 편집된 영상이나 이미지로 내용이 전달되며 이를 대상으로 한 의사소통 또한 활발하게 이루어진다. 심지어 전기 이전 매체인 종이 신문은 점차 그 역할을 다하고 있으며, 많은 기사들이 온라인상에서 부분적으로 소비되는 모습을 보여준다.

이러한 변화 가운데 등장한 4차 산업혁명은 매체의 역사에 있어서 새로운 장을 열고 있다. 실감미디어는 변화 속에서 가장 주목받는 매체로서 가상현실의 공간과 현실세계를 결합시켜준다. 예를 들어 대표적인 분야인 VR영역에서는 인간의 오감 중 시각을 중심으로 청각과 촉각을 자극함으로써 가상현실 속에 있는 정보가 마치 실재에서 존재하는 것과 같은 느낌을 부여한다. 이를 통하여 사람들은 가상의 경험을 실재의 경험처럼 체득함으로써 보다 적극적이고, 생생한 형태의 정보 습득을 할 수 있게 된다. AR영역은 현실의 세계에 가상의 정보를 덧입히는 방식이다. 즉 현실에 존재하는 특정 마커를 인식하여 가상의 정보가 현실에 덧입혀지도록 만드는 것이다. 이를 통해 현실세계에 가상의 정보가 즉각적으로 소환되도록 만들어 준다.

이러한 매체의 등장은 물리적 영역과 가상의 영역 사이의 벽을 허물어낸다. 기존에는 가상의 정보와 물리 세계의 정보 사이에 명확한 구분점이 존재하였고, 사용자들은 이를 명확하게 인지하였다. 그러나 기술의 발전 속에서 점차 양자 간의 벽이 허물어지는 방향으로 매체의 활용이 이루어지고 있으며 이는 향후에 더욱 활발하게 이루어질 것이다.

제5장
실감미디어의 세계

임태형(전남대학교 교육문제연구소)

챕터 개요

가상의 현실을 보다 현실적으로 보이게 하려는 인간의 시도는 20세기 말부터 지속해서 이어져왔다. 이는 실감미디어라는 기술로서 UHD TV, 3D 영상, HMD, 360° 동영상, 홀로그램 등으로 발전을 거듭해왔다. 현재까지 실감미디어 기술은 콘텐츠의 양이나, 기술적인 완결성에서 한계성을 갖고 있으나, 웨어러블 및 HMD 기기의 발전, 그리고 사용자 기반 콘텐츠 생산 생태계의 확장을 통해 적용 분야와 가능성이 커지고 있다.

"인간은 실감미디어 기술을 왜 발전시켜왔을까?"라는 질문에 대한 답은 인간의 욕구에서 찾을 수 있다. 미디어를 통해 콘텐츠를 경험하는 과정에서 인간은 '보다 실제 같은' 경험을 끊임없이 갈구해왔고, 이는 기술 발전으로 이어졌다. 시각 경험을 보다 생생하게 재생하기 위한 인간의 욕망은 그림, 사진, 고화질비디오로 이어지는 기술의 발전을 가져왔다. 여행지에서 느꼈던 생생한 대자연의 경관을 다시 경험하기 위해 보다 고화질의 사진이나 영상 녹화기술이 필요했고, 이를 재생할 수 있는 고해상도의 TV기술이 필요했다. 혹은 오케스트라의 생생한 음원을 느끼기 위한 인간의 욕망은 고음질의 사운드 녹음 및 재생기술의 발전을 가져왔다. 이처럼 현실과 동일한 경험을 할 수 있게 만들어 주는 기술 발전은 인간의 욕망에서 비롯된 것이며, 이는 근래에 이르러 실감미디어(immersive media)라는 기술체계에 이르렀다.

이처럼 '현실과 가까운 경험을 하게 해주는' 기술을 실감미디어의 핵심으로 보았을 때, 그 역사는 시각매체와 그에 동반되는 기술의 발전과정에서 찾을 수 있다. 먼저 인간은 눈을 통해 가장 많은 경험을 하게 된다. 모니터, TV, 스크린 등의 시청각매체를 통해 이미지화된 정보를 시각채널을 통해 받아들이게 된다. 이 과정에서 이미지 안의 정보를 실제처럼 느끼게 하기 위해 다양한 방법으로 기술발전이 이루어졌다. 먼저, 카메라의 화질을 높여서 초고화질의 이미지를 얻고, 이 초고화질의 이미지를 투사할 수 있는 스크린 기술을 발전시켰다. 사람의 시야각을 고려해서 아이맥스(iMAX) 스크린을 개발하기도 하였고, 인간의 양안 시차를 적용하여 3D 영상 기술을 발전시켰으며, 거기에 여러 특수효과를 더한 4D 기술의 발전, 혹은 영상을 스크린 투사가 아닌 플로팅시키는 홀로그램 기술의 발전, 인간의 시야각을 최대한 보장하는 HMD(head mounted display) 기술의 발전 등이 있다.

장황하게 시각매체의 여러 기술들을 열거하였지만, 핵심은 하나다. 인간의 뇌를 '속여' 매체를 통해 경험하는 콘텐츠를 실제 경험처럼 느끼게 하는 것이다. 그러기 위해서는 초고화질의 이미지에 인간 최대 시야각을 활용하고 양안시차를 활용하여 깊이감 있는 경험을 하게 해주는 것이다. 여기에 촉각이나 후각 같은 오감마저 고려할 수 있다면 실제 경험을 최대한 가깝게 구현할 수 있을 것이다. 이번 장에서는 이처럼 다양한 시각매체 기술의 구분과 각각의 발전과정, 나아가 가상을 현실처럼 경험하는 가상현실기술까지 살펴봄으로써 실감미디어의 세계를 탐색해보고자 한다.

1. 실감미디어의 종류와 발전

1 UHD TV

실감미디어에서 영상의 사실감은 매우 중요한 요소이다. 영상의 사실감을 높이기 위해서는 여러 가지 방식을 고려할 수 있는데, 첫 번째로 영상의 해상도를 극대화하는 방식이 있다.

모니터나 스크린을 통해 송출되는 이미지나 동영상을 보고 현실과 가까운 경험을 느끼기 위해서는 두 가지 조건이 필요하다. 첫 번째, 피사체를 초고화질로 이미지화하여 저장할 수 있는 카메라 기술이 필요하고, 두 번째, 이 초고화질의 이미지를 최대한 크게 생생하고 선명하게 보여줄 수 있는 디스플레이 기술이다. 먼저, 화소(畫素)라고 말하는 픽셀(Pixel)은 Picture Element의 준말이다. 보통 해상도와 더불어 쓰이는데 해상도는 가로세로의 곱으로 표현되며, 이 곱의 값이 곧 화소이다. 즉, 어떠한 이미지 파일이 4,000×3,000해상도 크기라면, 그 곱의 값인 1,200만이 화소 크기가 되는 것이다.

먼저 피사체를 저장할 수 있는 도구인 카메라의 역사를 살펴보자. 카메라는 레오나르도 다 빈치(Leonardo Da Vinci)의 카메라 옵스큐라(camera obscura)가 그 기원으로 알려져 있다. 이 카메라 옵스큐라라는 것은 르네상스 시대의 예술가들이 캔버스 위에 투사한 이미지를 스케치 가이드로 활용하기 위해 사용했던 어둠상자였다. 세계 최초의 사진은 19세기 초 1826년에 프랑스 화학자인 조셉 니엡스(Joseph Niépce)의 것으로 알려져 있다. 그는 1839년에 은판 사진술을 도입하여 금속판에 사진을 출력했다. 한편, 비슷한 시기 1840년 영국에서는 윌리엄 폭스 탤벗(William Fox Talbot)이 음화(negative image) 현상법을 특허 내기도 하였다.

현대적인 의미의 카메라는 1888년에 출시된 코닥(KODAK) 필름 카메라에서 그 기원을 찾을 수 있다. 미국인 이스트먼(Eastman)은 전문가가 아닌 일반인을 대상으로 하는 카메라를 개발하기 위해 롤 필름을 원통에 감아 작은 암실 상자에 넣는 식의 소형 카메라를 개발하였다. 보통 우리가 기억하는 과거 필름 카메라 형식이다. 이 소형 카메라는 큰 성공을 거두고, 1888년에 미국사진사협회는 코닥 카메라를 '올해의 최고 발명품'으로 선정하기도 했다. 카메라 기술은 1970년대에 이르러서 컬러사진이 보편화되기 시작했으며, 디지털카메라는 1990년대 말부터 대중에게 보급되기 시작하였고, 2000년대에 이르러 휴대폰에 기본적으로 탑재되기 시작하였다. 현재는 캐논, 니콘, 소니 같은 회사의 하이엔드급 DSLR 카메라 시장과 스마트폰 카메라 시장으로 양분되어 카메라의 발전이 계속되고 있다. 최근 모델인 삼성전자의 갤럭시S20 울트라 기종의 경우 1억 800만 화소 메인카메라를 탑재하고 있다.

그렇다면 이미지를 표시하는 디스플레이 기술은 어떨까? 스크린 크기가 작다면 아무리 높은 화소의 이미지도 의미가 없을 것이다. 하지만 고화소 카메라로 찍은 이미지를 초대형 스크린에 투사한다면 이야기가 달라진다. 미국 그랜드캐니언의 장관을 갤럭시S20로 촬영해온다고 해도 스마트폰 스크린을 통해서는 그 순간의 감동을 다시 느끼지 못할 것이다. 그러나 그 사진을 초대형 고화질TV를 통해서 감상할 수 있다면, 그 당시의 실제 경험에 가까운 감동을 보다 가깝게 재현할 수 있을 것이다. 초고화질 TV기술의 발달은 이러한 맥락에서 이해할 수 있다.

TV화질과 관련해서 HD, Full HD, 4K 등등 다양한 용어가 있다. 이는 일반적으로 컴퓨터 그래픽의 해상도를 의미한다. 낮은 것부터 높은 것까지 순서대로 나열하자면, SD(Standard Definition: 720p 미만) -

HD(High Definition: 720p) - FHD(Full HD: 1080p) - 4K UHD(Ultra HD: 2160p) - 8K UHD(4320p)이다. 8K UHD의 경우 7,680×4,320의 해상도를 자랑한다. 8K UHD의 화질을 설명할 때, 드라마 속 배우의 땀구멍 속 이물질까지 볼 수 있다는 비유가 있기도 하다. 일반적으로 현재 시장에 나와 있는 스크린 크기를 기준으로 볼 때, 50인치 이상에서 4K UHD를, 80인치 이상에서 8K UHD를 잘 구현할 수 있다고 한다.

　이처럼 '초고화질의 대형스크린을 통해 무엇인가를 경험할 수 있다면, 그것은 현실의 경험과 매우 흡사한 경험일까?'라는 질문에 대한 답은 '가까워지고 있다'이다. 여기서 우리는 한 발자국 뒤로 물러서서 처음의 질문을 되새겨 보아야 한다. 실감미디어의 목적 말이다. 현실과 가까운 경험을 하게 해주는 기술을 실감미디어라고 보았다. 그렇다면 그 현실은 어디서 오는가? 바로 콘텐츠에 담겨서 온다. 8K 카메라로 촬영한 콘텐츠가 있어야 그것을 경험할 수 있는 것이다. 소비자가 실감미디어를 통해 충분한 콘텐츠를 제공받을 수 있는가 하는 문제는 또 다른 문제이다. 단순히 초고화질 풍경 사진만을 8K UHD TV를 통해 보려고 하지는 않을 것이다. 8K 카메라로 촬영한 영화, 스포츠 경기, 다큐멘터리 같은 콘텐츠가 필요하다.

　스포츠 경기 콘텐츠는 8K UHD를 통한 송출이 이루어지는 중이다. 2016년 브라질 리우 올림픽, 2018 평창 동계올림픽에서 일부 경기가 8K로 송출이 이루어졌다. 일본 NHK에서는 2019년 공룡 다큐멘터리를 8K CG로 재현하기도 하였다. 그러나 아직 영화나 드라마에서의 8K UHD콘텐츠는 미비하다. 2020년에 이르러서 일본 NHK에서는 8K 드라마 '스파이의 아내'를 방송하였다. 국내에서는 삼성전자의 주도로 8K 촬영영화 '언택트'의 제작을 지원하는 등의 8K 콘텐츠 생산에 주력하는 행보를 보이고 있다.

2020년 현재 8K UHD 기술은 분명 진보했으나, 콘텐츠 부족이 가장 큰 난제이다. 과거 3D TV시장도 확대에 실패한 배경으로 콘텐츠의 부족을 꼽았다. 8K TV가 상용화는 되었으나, 이를 뒷받침할 콘텐츠가 현재 미비한 이유는 이러한 콘텐츠를 제작해야 하는 대형 콘텐츠 제작사인 넷플릭스, 아마존 등의 행보가 더디기 때문으로 풀이된다.

2 3D 영상

실감미디어에서 영상의 사실감을 높이기 위한 두 번째 방식으로 인간의 양안시차(binocular disparity)의 원리를 적용한 3D 영상기술이 있다. 양안시차란 인간의 두 눈이 물체를 볼 때 두 눈 사이의 거리만큼 약간 다른 시야를 보게 되는 데서 일어나는 현상이다. 즉, 좌우의 눈은 각각 서로 다른 2차원 영상을 보게 되고, 이 두 영상이 망막을 통해 뇌로 전달되면, 뇌는 이를 정확히 취합하여 본래 3차원 입체 영상의 깊이감과 실제감을 재생하는 원리이다. 스크린 영상기술은 원천적으로 2D 평면에 투사하게 되는데, 이 양안시차 원리를 적용하여 인간의 뇌가 '입체감'을 지각하게끔 만들어주는 것이다.

최초의 3D 영상 기술은 1890년대 영국인 윌리엄 프리제그린(William Friese-Greene)이 등록한 특허로 거슬러 올라갈 수 있다. 대중을 상대로 한 최초의 입체 영상 상영은 1915년 뉴욕의 애스터극장에서 에드윈 포터(Edwin S. Porter)와 윌리엄 바델(William Waddell)에 의해 시도되었다고 알려져 있다. 적청안경(anaglyph stereoscopy)을 착용하여 3D 영상을 감상할 수 있었다고 한다. 1952년 'Bwana Devil'이라는 모험영화는 1950년대 3D 영화의 부흥기를 대표하는 영화이기도 하다. 그러나 높은 제작비와 기술적인 한계로 3D 영화산업은 긴 침체기를 맞이한다.

이 긴 침체기를 끝내버리고 3D 영상기술이 대중에게 본격적으로 알려지게 된 것은 2009년 제임스 카메론 감독의 영화 '아바타'가 큰 기여를 했다. 영화에서 구현된 3D 입체영상 기술은 당시 대중들에게 크게 어필했고, 2010년 전후로 3D TV 보급이 가속되었다.

그러나 그 인기는 오래가지 못했다. 3D 안경을 쓰는 불편함과 함께 영상 시청으로 인해 피로감이 유발되었기 때문이다. 가정 내에서 TV를 보는 가장 큰 목적은 휴식과 편안함이다. 그러나 시청으로 인한 피로감 유발은 사용자의 요구와 역행하는 것이었다. 방송사들도 이윽고 2010년 초반에 3D 콘텐츠를 생산하지 않게 되었고, 결국 3D TV는 매우 빠르게 쇠락의 길을 걷게 되었다. 그렇다고 3D 영상 산업 자체가 완전히 없어진 것은 아니다. 영화산업에서는 블록버스터 액션이나 판타지, SF장르 등에서 여전히 3D영상 콘텐츠를 생산하고 있으며, 주로 오락 목적으로 사용되어 오고 있다.

3 HMD

HMD는 Head Mounted Display의 약자로 머리에 착용하는 디스플레이 장치를 말한다. HMD는 물리적으로 양안 시차를 이용하여 영상을 3D 입체영상으로 볼 수 있게 해주는 장치이다. 3D TV 같은 디스플레이 장치와의 근본적인 차이점은 시야각이다. HMD 기술발전은 인간의 시야각에 거의 근접했으며, 실제와 거의 흡사한 정도의 몰입감을 제공한다. 이처럼 뛰어난 몰입감으로 인해, 가상현실 콘텐츠나 콘솔게임, 성인콘텐츠 등의 분야에서 폭넓게 활용되고 있다.

HMD의 역사를 살펴보면, 1960년대 미국으로 거슬러 올라간다. 1968년 하버드대학교의 이반 서덜랜드(Ivan Sutherland)와 그의 제자인 밥

스프로울(Bob Sproull)이 HMD형태의 가상현실기기를 개발하였다. 매우 원시적인 형태의 장치였으며, 무게 때문에 천장에 부착하여 사용하는 구조였다. 화면해상도 등도 매우 낮은 수준이라 현실감이나 몰입도가 매우 낮았지만, 당시엔 매우 획기적인 시도였다. HMD 기술은 점차 발전되었고, 1980년대에 이르러 미군 공군 헬기나 전투기 조종사를 위한 훈련 시뮬레이션 분야에서 HMD가 폭넓게 사용되었다. 이 경우에는 Head Mounted가 아닌, Helmet Mounted 방식으로 사용되었다. 머리에 장비를 쓰는 것이 아닌, 헬멧에 부착하는 방식으로 원리는 동일하다.

오늘날 HMD가 가장 대중적으로 활용되는 분야는 엔터테인먼트와 게임 분야일 것이다. 2010년 이후에 들어와서야 HMD의 디스플레이 해상도가 획기적으로 발전되면서 게임 오락분야, 영화감상 분야 등 대중적으로 만족할만한 수준이 되었다. 최초의 게임용 HMD 기기는 1995년에 일본 닌텐도사가 발매한 '버추얼 보이'이다. 이는 머리에 쓰는 방식이라기보다는 삼각대 위에 세워진 기기에 얼굴을 가져다 대는 방식이었다. 이는 매우 불편했을 뿐만 아니라 기술적 한계로 인해 두통을 유발하는 등 문제가 많았기 때문에 큰 인기를 끌지는 못하였다.

HMD가 대중화된 것은 2010년도에 이르러 해상도 기술의 많은 발전과, 1인칭 게임이나 VR 같이 높은 몰입감을 목적으로 한 게임콘텐츠가 다수 생산된 점, 그리고 모바일기기의 대중화가 주된 이유이다. 해상도 기술은 2010년대 이전에는 고작 320×240, 640×480 수준이었다. 2010년대에 이르러서는 1,280×720 수준으로 개선되었으며, 스마트폰 디스플레이 기술의 발전과 맞물리면서 해상도 기술은 더욱 비약적으로 발전하였다.

무엇보다도 이 시기에 대중화된 스마트폰을 HMD기기로 활용할 수 있게 되면서 HMD는 더욱 대중화된다. 실제로 보급형 HMD라 하더라도 일반인은 대부분 구매하지 않으며 대중화되지는 않았다. 그러나 개개인이 스마트폰을 지니고 있다는 점은 VR게임의 콘솔을 개개인이 지닌 것과 같은 효과를 가지고 있었다. 기업들은 이 점에 집중하였다. 즉 별도의 HMD 기기를 구매하지 않더라도, 자신의 스마트폰을 활용하여 거치하는 방식으로 HMD 장치를 개발하였다. 이러한 제품군을 모바일VR이라고 하며, 대표사례로 삼성의 기어VR, 구글의 카드보드가 있다. 이러한 방식은 스마트폰을 가로 방향으로 거치하고, 좌우로 나누어진 동영상 콘텐츠를 두 개의 렌즈를 통해 사람이 눈으로 보게 되는 구조이다. 모바일 VR기기 시장은 2014년에 매우 뜨거운 관심을 받으며 확장되었지만, 2019년에는 기업들이 개발지원 중단을 발표하는 등 사실상 모바일VR 시장은 쇠락하게 된다.

HMD 기기는 보통 컴퓨터나 게임콘솔에 연결하여 사용한다. 즉 콘텐츠가 저장되어 있는 기기가 별도로 있고, HMD는 디스플레이 기능만 해주는 구조였다. 그러나 2017년 즈음부터 기업들이 독립형 HMD를 출시하고 있다. 독립형 HMD의 장점은 더 이상 PC나 게임콘솔기기에 연결하지 않아도 된다는 점이다. 즉 내장메모리를 통해 콘텐츠를 저장하고 재생하는 구조이다. 가장 최근 모델은 2020년 10월 발매인 오큘러스사의 퀘스트2 모델이다. 이 모델의 경우 3,664×1,920 해상도를 지원하며 가격도 40~50만 원 선으로 보급형에 맞춰져 있다.

4 360° 동영상

360° 카메라를 통해 촬영한 영상을 360° 동영상이라고 한다. 수평 및 상하 360° 전 방향을 촬영해 구면 사진 및 영상을 만들며, 보통 VR 감상 콘텐츠로 사용되어 'VR 카메라'로 일컫기도 한다. 2016년 삼성 기

어 360 모델 등으로 대중에게 소개되었다. 유튜브나 인스타그램 등 소셜 네트워크 서비스를 기반으로 한 콘텐츠 크리에이션의 맥락에서 대중화가 이루어지고 있으며, 점점 경량화되면서 보급되고 있다. 초기에는 멜론 크기만 한 구형 카메라였지만, 최근에는 넥밴드형으로 목에 걸 수 있을 정도로 경량화되었다.

360° 동영상이 높은 몰입감을 주는 이유는 일반 카메라가 담을 수 있는 시야각보다 더 넓은 시야각을 갖기 때문이다. 인간은 일반적으로 수평 최대 180~200°, 수직 최대 100~130°의 시야각을 갖는다고 한다. 일반 카메라의 표준렌즈는 43°, 광각렌즈는 75°, 어안(fish-eye)렌즈의 경우 180°의 시야각을 담을 수 있다. 일반적인 범주의 촬영에서 어안렌즈가 쓰일 일은 많지 않으며, 우리가 평소에 보는 동영상은 대부분 표준렌즈에 의한 촬영이다. 즉, 우리가 평소에 보는 사진이나 동영상 콘텐츠는 일반적인 인간의 시야각에 한없이 모자라는 시각을 담고 있는 것이다.

시야각을 극대화하기 위해서는 HMD를 착용한 상태에서 360° 동영상을 보아야 한다. 단순히 모니터 스크린을 통해 360° 동영상을 감상하는 것은, 마우스 드래그앤 드롭으로 좌우 돌려보지 않는 이상, 일반 동영상을 보는 것과 차이가 없다. 하지만 HMD를 착용하게 되면, 사용자의 머리 움직임을 추적하여 360°로 촬영된 동영상의 시야가 조정된다. 실제 현상을 보는 것과 가장 가깝게 구현되는 것이다.

5 홀로그램

실감미디어의 최종적인 형태는 3D 홀로그램(hologram)이다. 최종적인 형태라는 의미는 더 이상 스크린이나 HMD 같은 기기에 의존하지 않아도 경험할 수 있다는 것이다. 3D 홀로그램을 통해 보게 되는 3차원 영상은 어느 각도에서든 볼 수 있으며, 실제와 같은 입체감이 구현 가능하다. 아이언맨 같은 영화에서 허공에 여러 분석자료들을 띄워놓고 손으로 이동시키면서 회의하는 장면을 생각해 보면 이해가 쉬울 것이다. 그러나 영화와 같은 수준의 기술은 현재 수준의 데이터 처리 속도로는 아직 구현되기 어렵다. 대신 홀로그램 원리를 이용하여 기존에 촬영된 미디어를 플로팅 방식으로 홀로그램화하는 수준으로 구현이 가능하며, 콘서트나 공연 현장에서 자주 시도되고 있다.

　홀로그램을 구현하는 기술을 홀로그래피(holography)라고 한다. 이는 1948년 영국 물리학자 데니스 가보르(Dennis Gabor)가 발견한 원리이며, 이 발견으로 1971년 노벨 물리학상을 받았다. 홀로그래피 원리는 두 개의 레이저광이 서로 만나 일으키는 빛의 간섭 효과를 이용해 3차원 입체 영상을 기록한 것이다. 기술적으로 이를 상용화하는 것은 매우 어렵다. 소규모 구현은 가능하나 상용화할 수순이 되기 위해서는 영상 처리 기술이 아직 미흡하다. 현재 홀로그램 공연 등에서 쓰이는 홀로그램 기술은 실제 홀로그램 기술이 아닌, 특수 무대장치를 통해 평면 영상을 홀로그램처럼 투사하는 것이다. 고해상도 프로젝터로 평면영상을 송출하여 대형 투명 막에 투사시켜서 플로팅 방식으로 홀로그램을 구현하게 된다. 실제적인 의미의 홀로그램으로는 볼 수 없는 것이다.

2. 실감미디어와 AR, VR의 융합

1 실감미디어 기술의 제한점

실감미디어의 발전방향을 논하기에 앞서, 여러 실감미디어 기술들을 다시 돌이켜 보자. UHD TV, 3D TV, HMD, 360° 카메라, 홀로그램을 언급하였다. UHD TV기술은 초고화질 동영상을 대형 스크린으로 송출하는 기술이다. 쉽게 말해 대형 화면에서 고화질로 동영상을 감상할 수 있다면 실감성을 극대화할 수 있다는 것이다. 하지만 여러 한계점도 존재한다. 깊이감을 표현할 수 없고, 크기 때문에 휴대성이 적으며, 아직 8K 콘텐츠가 많이 없다는 점이다. 이러한 UHD TV의 한계점 중, 8K 콘텐츠의 부족은 점점 해결될 수 있을 것으로 기대된다. 최근 스마트폰 기종은 8K 촬영이 가능하며, 유튜브 등의 소셜네트워크 플랫폼을 통해서 사용자들이 생산한 8K 콘텐츠가 공유되고 있으며, 점차 8K 콘텐츠는 확대될 것이다.

3D TV기술은 스테레오스코피 기술을 활용하여 촬영한 3D 동영상을 TV로 볼 수 있게끔 송출하는 기술이다. 단, 사용자 입장에서는 3D 동영상을 감상하기 위해서 특수안경을 써야 하는 불편감이 있었다. 휴식 목적으로 사용하는 TV가 피로감을 유발한다니, 3D TV는 대중들의 외면을 받기 시작했고, 불과 몇 년 만에 시장에서 실패하게 되었다. 실패의 원인은 3D 영상 감상 과정의 피로감, 특수안경을 착용해야 한다는 불편감, 그리고 3D 콘텐츠의 부족이었다. 이 모든 한계점은 극복되지 못하였으며, 결국 시장에서 외면받게 되었다.

HMD기술은 사람의 시야각을 최대한 활용하여 3D 영상을 볼 수 있게 해주는 장치이다. 3D 영상을 본다는 것은 3D TV와 동일한 목적인 데, 왜 3D TV는 대중에게 외면받고, HMD는 꾸준히 대중성을 높여오고 있을까? 가장 큰 차이는 '몰입감'의 차이이다. HMD로 볼 수 있는 시야 각은 물리적으로 3D TV와 엄청난 차이이다. 3D TV가 아무리 화면 크 기를 키우고 해상도를 높여도 스크린이라는 한계가 있다. 그러나 HMD 가 구현하는 인간 시야각은 실제와 거의 흡사하여 3D TV와 비교할 수 없는 몰입감을 가져다준다. 단순히 몰입감의 차이일까? 해상도 측면은 어떨까? 해상도 측면에서는 HMD가 3D TV보다 더 낮은 해상도를 제공 했을 것이다. 그러나 기술의 발전으로 HMD의 해상도는 획기적으로 개 선되었다. 그렇다면 휴대성의 차이일까? HMD는 최근에 독립형 방식으 로 개발되기 때문에 더 이상 PC에 연결하지 않아도 되고, 방 안 소파에 편히 누워서 감상해도 되며, 침대에 누워서 감상해도 되는 휴대성에서는 뚜렷한 장점을 갖고 있다. 콘텐츠 생산 면에서도 게임 산업이나 엔터테 인먼트 산업에서 꾸준히 콘텐츠를 생산하여 사용자의 요구를 충족시키고 있다.

360° 카메라는 기존의 동영상 촬영의 시야각을 극복하는 방식으로 콘 텐츠의 실감성을 높이는 기술이다. 그러나 문제는 360°로 촬영된 동영상 을 일반 스크린으로 보는 것은 의미가 없다는 것이다. 결국 HMD 장치를 활용하여야 제대로 감상할 수 있다. 360° 카메라는 경량화되면서 점점 대중화되고 있고, 유튜브 등의 소셜미디어 플랫폼으로 일반 사용자들이 촬영한 콘텐츠가 대량 공유되고 있다. HMD 기기가 없다면 구글 카드보 드와 같은 저렴한 방법으로 스마트폰을 활용하여 모바일VR 방식으로 시 청도 가능하다. 유튜브는 3D 보기, 360° 보기 등의 재생 기능을 지원하 기 때문에, 쉽게 사용할 수 있다.

현재 우리에게 홀로그램 기술로 알려져 있는 것은 가수 공연 등에서 쓰이는 기술일 것이다. 이 기술은 원래의 홀로그램 기술을 의미한다기보다는 플로팅 방식으로 흉내 낸 것이다. 케이팝 등 한류 인기와 더불어 공연장 등에서 널리 활용되고 있다. 문제는 무대 설치비용이나 제작비용 등에서 많은 제작비가 소요된다는 것이다.

HMD는 편의성과 실감성을 개선하는 동시에 몰입감 있는 콘텐츠가 지속해서 생산되면서 점점 대중화되어가고 있다. 특히 콘텐츠 측면에서 증강현실(Augmented Reality: AR)이나 가상현실(Virtual Reality: VR) 콘텐츠의 활용은 큰 시너지를 가져왔는데, 특히 HMD 같은 웨어러블 디바이스와 맞물려 큰 성장 속도를 보이고 있다. 증강현실과 가상현실 콘텐츠들이 어떻게 실감미디어 기술과 시너지를 일으켜 발전해 오고 있는지 알아보자.

2 웨어러블과 증강현실

얼마 전 '알함브라 궁전의 추억'이라는 드라마가 인기가 있었다. 주인공이 콘택트렌즈를 통해서 세상을 바라보면, 가상의 캐릭터가 마치 현실에 있는 것처럼 느껴지는 것이다. 이러한 기술을 증강현실이라고 한다. 현실 위에 가상을 겹쳐 보여주는 기술이다. 이 기술을 체험하기 위해서는 필수적으로 장치가 필요한데 드라마에서와 같이 몸에 부착하는 형태를 웨어러블 기술이라고 한다.

우리가 일반적으로 증강현실 기술을 생각했을 때 가장 친숙한 것은 2017년경 유행한 모바일 증강현실 게임 '포켓몬 고'일 것이다. 이 경우에는 모바일 기기의 카메라를 통해 촬영되는 영상이 스크린을 통해서 보이고, 스크린 속에 가상의 이미지가 겹쳐서 보이는 형태였다. 이 경우에는 사람의 눈이 직접 현실을 보는 것이 아니라, 카메라를 통해 촬영된 영상을 스크린을 통해서 봐야 했다. 즉, 증강현실은 모바일 기기의 스크린 안에만 존재하는 것이었다.

증강현실 기술의 발달은 웨어러블 테크놀로지와 함께 발전하기 시작했다. 모바일 기기처럼 손에 들고 다니는 것이 아닌, 몸에 부착하는 형태로 편의성을 극대화하면서, 카메라를 통해서 현실을 보는 것이 아닌, 사람 눈으로 현실을 보며 그 위에 가상의 이미지를 표현하는 방식을 추구하게 된 것이다. 웨어러블 기기를 활용한 증강현실의 초기 형태는 구글글래스이다. 안경을 일단 착용해야 하며, 안경의 렌즈 위에 추가 렌즈를 덧대어 보여주는 형식이었다. 각 기업들은 스마트글래스라는 명칭으로 웨어러블 증강현실 시장에 뛰어들었다. 마이크로소프트의 홀로렌즈나 구글의 구글글래스 모델이 있으며, 머리에 착용한다는 측면에서 HMD 기술로 분류되기도 한다.

구글글래스가 초기에 비판을 받았던 이유는 이를 착용한 사용자가 타인에게 촬영 여부를 알리지 않고 촬영할 수 있다는 점이었다. 따라서 사생활 침해에 대한 윤리적 논란이 불거졌었다. 즉, 일반사용자가 길거리를 거닐면서 사용하기에는 여러 제약이 존재했던 것이다. 현재 웨어러블 증강현실 시장은 산업현장이나 의료현장에 적극 활용되기는 하지만, 일반사용자에게는 친숙하지 않다. 드라마 '알함브라 궁전의 추억'과 같은 콘택트렌즈를 통한 증강현실의 구현은 이처럼 사생활 침해 논란의 불편함을 피한 것이기도 하다. 삼성전자는 2019년 증강현실 콘택트렌즈 특허를 미국에 등록하기도 하였으며, 머지않은 미래 스마트렌즈를 통한 증강현실 구현은 일반 사용자에게 다가와 있을지도 모른다.

3 HMD와 가상현실

HMD로 가상현실만을 체험할 수 있는 것은 아니다. 3D 스포츠 중계 등 현실 콘텐츠를 보다 실감나게 감상하는 용도로도 주로 사용된다. 그런데 여기서는 가상현실 콘텐츠에 초점을 두고자 한다. 가상현실 콘텐츠는 현실에 존재하지 않는 대상이나 공간을 구현한 것이다. 쉬운 예로 게임 콘텐츠를 생각하면 된다. '콜 오브 듀티'나 '하프라이프' 등과 같은 1인칭 슈팅 게임을 HMD를 쓰고 체험한다고 상상해보라. 실제 상황과 같은 몰입감을 느낄 수 있을 것이다. 디지털로 구현된 가상현실이지만, 실제 현실과 같은 실재감과 몰입감을 느낄 수 있다. 이처럼 HMD를 통한 가상현실 콘텐츠의 경험은 사용자에게 매우 높은 몰입감과 만족감을 가져다주게 되었고, 게임과 엔터테인먼트 산업 중심으로 매우 대중화되었다.

가상현실이 갖는 뚜렷한 장점으로는, 현실에서는 경험하기 어려운 것들을 경험하게 할 수 있는 유일한 수단이라는 것이다. 공상과학 영화와의 차이점은 콘텐츠와 사용자의 상호작용 유무에 있다. 공상과학 영화는 단순히 '감상'하는 것이지만, 가상현실 콘텐츠는 사람과 컴퓨터가 '상호작용'하게 되고 이 과정에서 가상환경을 경험하게 된다. 일반적으로는 시청각을 통한 경험이 주를 이루지만, 컨트롤러 등을 통해 촉각 상호작용을 사용하는 등 점차 발전하고 있다.

4 사용자 기반 콘텐츠 생산 생태계 구현

실감미디어의 발전은 사용자 중심의 소셜미디어산업 발전에도 영향을 미치고 있다. 물론 여전히 실감미디어 콘텐츠의 생산은 보통 기업이 담당한다. 즉, 생산자와 사용자가 뚜렷하게 구분된다는 것이다. 그러나 유튜브와 같은 소셜미디어의 발전은 일반 사용자들이 생산한 콘텐츠를 상호 공유하는 시스템을 정착시켰다. 물론 VR콘텐츠 등은 일반 사용자가 만들기 어렵다. 값비싼 촬영 장비 등이 문제이다. 그러나 360° 카메라 같은 경우는 점차 경량화되고 보급형 모델들이 많이 생산되고 있다. 유튜브 시대가 되면서 많은 사람들이 스스로 영상 콘텐츠를 제작하며 360° 카메라를 활용한 동영상 콘텐츠도 활발히 공유하고 있다.

이와 같은 유저 기반 콘텐츠 생산 생태계의 정착은 실감미디어의 대중화를 가속화시킨다. 앞서 언급한 모바일VR 등을 통해 값비싼 VR기기를 별도로 구매하지 않아도 구글 카드보드 등 저렴한 모델을 통해서 유튜브에 올라온 여러 3D VR콘텐츠 감상이 가능하다. 이제 머지않은 미래에 누구나 3D 콘텐츠를 생산해서 유튜브를 통해 공유하는 시대가 올지도 모른다.

제6장
실감미디어와 교육활용

윤헌철(전남대학교 교육문제연구소)

챕터 개요

실감미디어는 정보전달 능력을 크게 확장시킨 기술이다. 이러한 특징은 실감미디어와 교육의 새로운 결합 가능성을 열어 주고 있다. 특히 가상세계에서의 학습은 최근 그 가능성을 주목받고 있다. 다양한 가상공간 플랫폼을 통해 교육활동을 진행하고 있으며 이를 통해 여러 분야에서 학습자 중심 학습활동을 실현시켜주고 있다. 이러한 가상현실 기술을 통한 교육활동은 몇 가지 시사점을 갖는데, 학습이 맥락화된 상황 속에서 일어난다는 점, 자기주도적 학습자가 지식을 구성한다는 점, 학습구성원들과 함께 할 때 효과적이라는 점, 활동의 구조화 및 명확한 목표제시가 이루어져야 한다는 점이 바로 그것이다.

1. 실감미디어의 교육적 확장성

실감미디어는 사용자의 실재감(presence)과 몰입감(immersion)을 최대로 높이기 위해 인간의 오감 및 감성 정보를 제공하여 사용자의 미디어 체험 만족도를 높이는 차세대 미디어를 의미한다(심태섭, 유수빈, 신상호, 2017). 대표적인 실감미디어 기술에는 가상현실과 증강현실을 들 수 있다. 보통 '가상세계(virtual world)'는 사용자 스스로 또는 다른 누

군가와 함께 탐험할 수 있는 컴퓨터 기반 3차원 세계를 의미한다. 사용자는 가상세계 안에서 독립적인 존재(1인칭 시점)가 될 수 있고, '아바타'로 불리는 컴퓨터 기반 가상 캐릭터(3인칭 시점)로 존재할 수 있다. 일반적으로 가상세계(virtual world)와 가상현실은 서로 다른 개념으로 구별된다.

그렇다면 가상현실은 무엇을 의미하는가? 가상현실은 높은 수준의 실감형 3차원 시뮬레이션(fully immersive 3D VR simulation)으로 구성되어 있다. 달리 말하자면, 사용자는 가상현실 속에서 실제 현실과 매우 가까운 기능적 시뮬레이션을 경험할 수 있다. 하지만 가상현실 기반의 시뮬레이션에서 이와 같은 경험을 얻고자 한다면, 사용자는 특정 하드웨어를 착용해야 하고, 특정 소프트웨어를 사용해야 한다.

사용자는 안면 착용형 디스플레이(head-mounted display: HMD)와 터치형 손잡이(Touch)를 사용하여 시뮬레이션화되어 있는 실감형 가상현실을 경험할 수 있다. 실감형 가상현실 시뮬레이션에서 사용자의 움직임은 동작추적(motion tracking) 시스템을 통해 구현된다. HMD를 착용한 사용자가 머리를 상하좌우로 움직일 때, 동작추적을 통해 가상현실 속에서 그대로 상하좌우를 볼 수 있다. 또한 HMD의 내장형 헤드폰을 통해 사용자가 고개를 움직일 때마다, 그 주위의 생생한 소리를 들을 수 있다. 예를 들어 예비교사(사용자)가 가상현실 시뮬레이션 교실 환경에서 가상 아바타 학생이 "선생님, 질문 있습니다."라고 말하는 소리를 들었을 때, 예비교사는 HMD를 통해 손을 들어 질문을 말하는 학생을 볼 수 있다.

앞서 언급했듯이 가상현실 시뮬레이션 환경을 구현하고 경험하기 위해서는 특정 테크놀로지를 사용해야 한다. 이는 가상현실과 가상세계를 구별 짓는 가장 큰 특징 중 하나이다. 가상현실 속에서 사용자는 주로 독립적으로 존재하며 1인칭 시점에서 상대방을 바라본다. 다른 가상 아바타는 제3의 조절자(operator)에 의해 작동되거나 프로그램에 의해 특정한 말과 행동이 구현되기도 한다. 엄밀히 말하자면 교사 훈련용 목적으로 활용된 기존 플랫폼들은 컴퓨터 기반의 가상세계를 활용한 것들이다. 예를 들어 미국에서 개발·사용된 '리버 시티(River City)', '세컨드 라이프(Second Life)', '심스쿨(SimSchool)', '티치라이브(TeachLivE)' 등이 있다. 현재 국내에서 진행 중인 프로젝트로는 'SimTEACHER' 3.0 버전이 있으며, 실감형 3차원 가상현실에서 구현된 플랫폼을 사용하고 있다.

가상 학습 환경은 지난 수십 년 사이에 지속해서 변화와 발전을 거듭해오고 있으며, 다양한 교육적 환경에서 교수·학습을 증진시키기 위해 새로운 혁신 기술을 도입하고 있다. Wann과 Mon-Williams(1996)에 의하면, 3차원 가상 학습 환경은 사용자로 하여금 3차원 공간에서 감각 자극을 보완해주면서 시각적 정보를 확장시켜주고, 눈으로 보이는 정보와 상호작용할 수 있도록 도와준다. 가상 학습 환경은 학습자에게 실제로 경험을 통해 학습의 기회를 제공하며, 학습자 중심의 학습 환경을 만들어 주고, 실생활의 부정적인 반향 없이 구성주의적 학습 환경을 제공한다(Dede, 1995). 또한 3차원 가상 환경은 아바타와 가상 물체 등을 통해 학습자의 정체성과 가상 존재감을 나타내주며, 학습 환경을 보완해준다(Dickey, 2003).

많은 연구자들이 가상 학습 환경의 특징에 대해 분류하였고, 눈에 띄는 특징으로는 다음과 같다. 첫 번째는 실재감이다. 실재감은 사용자가 컴퓨터로 구현된 환경 안에서 물리적인 존재감을 느끼는 정신적 상태를 의미한다(Draper, Kaber, & Usher, 1998). 실재감은 사용자가 마치 가상 학습 환경에 실제로 존재하는 것처럼 느끼는 심리학적 개념이다. 몰입감은 사용자가 실재감을 느낄 수 있도록 도와주는 가상현실 테크놀로지에 대한 물질적 반응이라고 할 수 있다. 한편, 상징적 현실감(represen -tational fidelity)은 실재감과 몰입감의 상호작용을 통해 실현되고, 상당한 수준의 몰입감에도 영향을 주고, 실재감을 강하게 느끼게 도와준다 (Slater & Steed, 2000).

Dalgarno와 Lee(2010)는 크게 상징적 현실감과 학습자 상호작용으로 3차원 가상 학습 환경의 특징을 설명하였다. 먼저, 가상 학습 환경에서 현실감을 돋보이게 하는 많은 요소가 있다. 가상 학습 환경의 매우 현실적인 구현, 사용자의 시선에 따라 부드럽게 넘어가는 디스플레이 전환, 가상 학습 환경을 구성하는 아바타 및 물체들의 자연스러운 움직임, 공간적 오디오 시스템, 운동감각과 촉각에 의한 즉각적인 피드백 등이 가상 학습 환경의 현실감에 영향을 미치고 있다. 다음으로 가상 학습 환경에서는 학습자 간 상호작용을 돕는 다양한 기능들이 있다. 대표적으로 사용자가 스스로 시선을 조절할 수 있으며 움직임과 물체의 조작이 용이하게 이루어진다. 또한 언어를 사용하거나 제스처를 사용하여 의사소통할 수 있다. 가상 학습 환경은 이 두 가지 특징을 적절하게 사용하여 학습자의 동기를 증진시킬 수 있고, 맥락화된 학습을 제공할 수 있다. 더불어 협동학습과 같이 학습자의 학습을 용이하도록 도와준다.

가상세계는 보통 수백만 명이 참가하는, 가장 빠르게 성장하는 온라인 커뮤니티 중 하나이다. '마인크래프트(Minecraft)', '세컨드 라이프'와 같은 가장 인기 있는 가상세계는 누구나 아는 것이 되었다. 가상세계는 동기적이고, 사람들의 지속적인 네트워크이며 아바타로 표현되고, 네트워크로 연결된 컴퓨터들에 의해 촉진되는 것이며, 몰입(물리적으로 위치하지 않는 곳에서 종합적이고 실제적인 경험을 하는 주관적인 느낌)이라는 심리적 느낌으로 특징 지어지는 것으로 정의할 수 있다(Dede, 2012). 지금까지 가장 상업적으로 성공한 가상세계는 멀티 플레이어 비디오 게임으로, 실제 제품을 판매하고 소비자들 사이의 브랜드 충성도를 높이도록 설계되었다.

최근 몇몇 학습과학자들은 가상세계 기술의 교육적 잠재력에 대한 설계 기반 연구를 수행했다. 가장 잘 알려진 사례로는 '에코무브(EcoMUVE)', '퀘스트 아틀란티스(Quest Atlantis)', '리버 시티'가 있다(Dawley & Dede, 2014). 학습과학자들이 가상세계가 학습에 기여할 수 있는 고유한 잠재력을 가진다고 믿는 것에는 네 가지 이유가 있다. 첫째, 가상 세계는 참가자들로 하여금 사회 경제적 현상을 시뮬레이션할 수 있도록 하며, 건강 문제를 탐구하고 환경 문제를 다루기 위해 실험하고 마이크로 월드를 조작할 수 있도록 한다. 이러한 시뮬레이션 및 시각화 기능은 복잡한 현상에 관한 경험적 학습의 한 형태를 잠재적으로 지원할 수 있고, 이는 가상 세계 없이는 불가능할 것이다.

둘째, 가상 세계의 몰입적 성격은 사회적 상호작용과 정체성 탐색을 지원한다. 학습과학자는 상호작용과 정체성이 학습의 중요한 구성요소라고 진술하였고, 이는 학습자의 학습공동체에 대한 합법적인 참여의 형태로 구성된다고 하여 사회문화적 이론들이 예측한 것과 같다. 참가자들은 가상세계 화면상의 아바타로 나타나며, 이는 자신이 스스로 설계했거나 목록에서 선택한 이미지이다. 플레이어는 조직적 플레이를 하기 위해 길드를 조직하는 등 사회적 그룹의 멤버가 될 수 있으며, 다른 사람과 상호작용하는 대신 가상세계에서 물체, 구조물 및 자동화된 에이전트와 상호작용할 수도 있다. 싱글 플레이어 비디오 게임과는 달리, 가상세계는 지속적이다. 즉, 플레이어가 떠날 때 상호작용 공간이 사라지지 않는다. 오히려 그것은 계속 존재하며 다른 공동체 구성원들이 계속해서 행동할 수 있다. 가상 세계는 시민 의식을 탐구하고 격려하기 위한 많은 공간을 포함하고 있지만, 이러한 공동체 내의 참가자는 종종 사람들을 내부인과 외부인으로 구분하여 구성원을 제한할 수 있는 사회적 관행을 개발한다 (Boellstorff, 2008).

셋째, 가상 세계에서 학습자들은 참여도가 높고 동기를 부여받는 경향이 있는데, 학습 과학 연구의 대다수는 학습에 대한 참여와 동기 부여의 중요성을 보여준다. 많은 가상 세계는 사용자가 아바타와 상호작용을 하고, 가상 통화로 물건을 구매하는 등, 환경을 탐색하는 방법을 결정할 수 있게 한다. 그러한 선택권을 제공하는 것은 자율성을 강화하고, 이에 따라 학습자에게 동기 부여되지만, 개별적인 학습 성과를 촉진하기 위해 자율성 내에서 지도를 제공할 수 있다(Nelson, 2007). 또한 과학적 현상을 시뮬레이션하는 가상 세계에 참여하는 것은 자기 효능감을 높이고 과학 탐구 기술을 향상시키는 것으로 밝혀졌으며, 특히 수행이 저조한 학생 집단에서 그러했다. 마찬가지로 '심스쿨'과 같이 실제 물리적 및 조직적 제약 조건을 복제하도록 설계된 가상 세계는 참가자의 커뮤니케이션 및 공동 작업을 위한 새로운 전략을 실험하고, 전략을 숙달하며, 이를 실제 교실에서의 삶에 적용할 기회를 제공한다(Gibson, 2012).

넷째, 가상 세계는 교육자들에게 진정한, 자동화된, 그리고 내장된 방법으로 학습을 평가하고 교사, 학생 및 부모에게 피드백을 제공하는 새로운 방법을 제공한다(Dede, 2012). 가상 세계에서 모든 사용자 활동(예: 채팅, 이메일, 댓글 또는 사용자가 만든 인공물)은 잠재적으로 학습에 관한 데이터를 제공하며, 이는 학생들의 참여도 및 탐구 패턴을 이해하는 데 사용될 수 있다. 이러한 다양한 데이터 포인트를 수집하고 분석하는 것은 수업일 이상의 장기간에 걸친 학생의 학습을 문서화하고 추적하는 데 도움이 될 수 있다.

가상 세계는 학교나 학교 밖 또는 모든 교육현장에서 사용할 수 있도록 설계할 수 있다. 학교 안과 밖의 학습 환경을 기반으로 다양한 가상

세계를 검토할 수 있는 것이다. 또한 우리는 다양한 가상 세계의 예시를 제공하고, 다양한 학습 결과를 평가한 조사 연구 결과를 검토할 것이다. 여기에 가상 세계에 삽입될 수 있는 평가 유형들을 살필 것이다. 가능한 평가 방법들이 많지만, 우리는 그중 다음 두 가지를 강조한다. 거대한 데이터 세트를 수집하고 활용할 수 있는 특별한 기회로 가상 세계의 설계가 어떻게 제동하는지를 보여주는 학습 분석과 결합적 민족지이다. 다음으로는 가상 세계에 대한 향후 연구에서 중요하다고 생각되는 세 가지 문제, 즉 참가자 수를 늘리고, 애니메이션이 적용된 에이전트를 통한 전문가의 조언을 통합하는 것, 가상 세계와 실제 교실의 요소를 모두 포함하는 하이브리드 학습 환경을 만드는 방법에 대해 논의한다.

2. 실감미디어의 교육적 활용

가. 가상 세계에서 학습

모든 가상 세계는 교실 안과 밖을 포함하여 어디에서나 사용할 수 있도록 설계될 수 있다. 그러나 설계자는 교실에 적용하기 위한 설계를 할 때 활동을 구분한다. 자녀가 집이나 학교 밖에서 가상 세계에 참여할 때, 자녀는 과학 전시장이나 기타 비공식 학습 환경의 방문자와 같이 자신이 선택한 활동에 자유롭게 참여할 수 있다. 이와는 대조적으로 교실은 일반적으로 학생들이 가상 세계에서 수행하는 활동을 지정하여 이를 수행할 시간을 정하며, 교사와 교육 과정은 집에서 거의 제공되지 않는 수준의 학습에 대한 진원을 제공할 수 있다. 가상 세계를 위한 장소로서의 교실과 가정의 장단점은 함께 엮여있으며, 이에 대한 전략에 다양한 절충 사항을 관리하는 것이 포함된다.

　　최근 몇 년 동안 학습 과학자들은 과학 교실에서 사용하도록 고안된 몇 가지 가상 세계를 개발했으며, 이는 기존 교육과 비교했을 때 학습 결과가 우수하다는 것이 입증되었다. 이러한 응용 프로그램의 대부분은 기존의 교육 및 평가 등의 오프라인 교육 과정 요소를 고려한 가상 세계를 개발하는 것과 관련이 있다. 가장 성공적인 사례 중 하나는 '퀘스트 아틀란티스'이다. 예를 들어 퀘스트 아틀란티스의 경우 선생님은 실제 문제를 해결하고 스스로의 선택에 따른 학습의 결과를 얻는 등 학문적 이해를 사용하는 과학자의 역할을 담당하는 11살의 학생을 지원할 수 있다. 이를 통해 교실에서 일반적으로 가능하지 않은 학습의 경험적 결과물을 제공한다. 또한 비교 연구는 전통적인 과학 커리큘럼에 비해 학습과 동기 부여에서의 상대적 이점을 보여준다.

　　'리버 시티'는 가상 세계를 중심으로 강의실에서 사용하기 위해 개발된 커리큘럼의 두 번째 예로서, 학생에게 가설을 세우고 실험 설계를 하는 방법을 가르치기 위해 고안되었으며 그 내용은 국가 표준 및 생물학 및 역학 평가와 관련된 것이다. 학생들은 관찰과 추론을 통해 문제를 협력적으로 확인하고, 가설을 세우고 테스트하며 근본 원인에 대한 증거를 바탕으로 결론을 추론함으로써 과학자로서 행동하는 방법을 배운다. 학습자는 시뮬레이션되고 역사적으로 공증된 19세기 도시에 몰입한다. 참가자는 3~4명으로 구성된 팀에서 협력하며 사람들이 왜 병이 들었는지 파악한다. 시뮬레이션화된 환경에서 병든 어린이와 성인 그리고 병원 직원, 상인 및 대학 과학자와 같이 다양한 주민들과 이야기한다. 리버 시티 교실 구현은 전통적 교수방법이나 보드게임을 통한 학습 경험과 비교했을 때, 더 다양한 학생들이 과학적 연구에 대한 상당한 지식과 기술을 습득한 것으로 평가된다(Clarke & Dede, 2009). 또한 학생들은 이 커리큘럼에 깊이 관여하고 정교한 문제 발견 기술을 개발했다. 실험실 경험을 포함하는 유사한 인쇄물 기반 커리큘럼과 비교했을 때, 전반적으로 학생은 몰입형 인터페이스에 더 많이 참여하고 많은 것을 배웠다.

세 번째 예로서, '에코무브 커리큘럼'은 생태계 과학 개념, 과학 탐구(협동 및 개인), 중학교의 복잡한 인과 관계를 가르치기 위한 몰입형 실제 시뮬레이션의 잠재력에 중점을 둔다. 에코무브에서 두 개의 가상 세계는 연못과 숲 가상 생태계를 시뮬레이션하고, 각각 복잡한 인과 관계를 포함한 생태 시나리오를 표현한다. 학생들은 가상 생태계를 탐구하고 시간이 지남에 따라 다양한 데이터를 수집하여 생태계 과학자로서의 역할을 수행함으로써 연구 문제를 조사한다. 에코무브는 직소 모형을 사용한다. 학생들은 4명으로 구성된 팀으로 활동하며 전문 분야(식물 학자, 현미경 전문가 등)를 기반으로 역할이 할당되고 대화형 학습 질문(예: PH는 무엇인가?)을 사용하여 모듈에 관련된 내용에 대해 자세히 알아볼 수 있다. 각 학생은 할당된 역할에 맞는 데이터를 수집을 수행하여 이 데이터를 표 및 그래프를 통해 몰입형 인터페이스 내에서 팀원과 공유한다. 각 팀은 공동으로 작업하여 결합된 데이터를 분석하고 생태계 상호 관계를 이해한다. 모듈은 각 팀에서 생태계의 인과 관계에 대한 이해를 나타내는 증거 기반 개념도를 작성하고 이를 클래스에 제시하는 것으로 끝난다. 초기 연구 결과는 생태계 과학 및 복잡한 인과 관계에서 학생의 참여 및 학습에서 얻은 이득을 입증한다(Grotzer et al., 2012).

나. 가상현실에서 학습 적용

1 의학교육에서의 가상현실

의료 분야에서는 가상현실 적용을 활발하게 하는 분야로 일반 진료보다는 의료교육, 수술, 재활, 공포증 극복 및 트라우마 치료 등에서 활발하게 적용되고 있다. 특히 의학교육에서는 의대생들을 위한 학습 도구로 많이 개발되고 있는데, '바이오디지털(BioDigital)'은 가상의 3D의료 영상으로 인체의 해부, 신체의 내부를 정밀하게 시각화하여 의학교육에 활용되고 있다. 그리고 프랑스의 비지블 페이션츠(Visible Patients)사는 환자의 MRI나 CT를 3D로 전환하여 수술 환자의 해부학적 구조를 파악하고 분석하는 데 활용하고 있다. 최근에는 우리나라에서도 가상현실을 활용하고 있는데, 분당서울대병원은 수술 현장을 가상현실 교육 시스템으로 제작해 수련의 교육에 활용하고 있다(전황수, 2019). 그리고 치의학 분야에서도 가상현실 기술을 활용하고 있는데, 임플란트 수술 술기, 해부학적 구조물을 학습하기 위한 도구, 수술 과정의 단계별 학습 등을 위해 활용되고 있다(박종태, 김지효, 김문영, 이정현, 2019). 이와 같이 의료 현장에서는 숙련도를 높이기 위해 가상현실을 유용하게 활용하고 있다.

2 특수교육에서의 가상현실

일찍이 미국과 유럽에서는 특수교육 분야에서 가상현실을 이용하여 자폐 아동의 사회성 향상을 위한 적응 프로그램을 개발하고 적용하였다. 또한 지적장애 학생을 위한 인지 훈련 프로그램 등과 같이 다양한 특수교육 분야에서 가상현실을 활용해 왔다. 그러나 우리나라의 특수교육 분야에서는 이러한 실정에 미치지 못하고 있다. 최근에는 학습 장애 학생 혹은 지적장애 학생을 위한 프로그램이 개발되어 적용하는 연구가 진행되고 있으며, 외국의 사례와 같이 자폐 아동의 사회 적응력을 기르기 위한 프로그램도 개발되어 자폐 아동의 사회성이 향상되었다는 연구 결과도 보고되었다. 이처럼 지체장애 학생을 위한 가상현실 기반의 운동 프로그램과 재활훈련 프로그램에서 사회 적응력 향상 프로그램까지 지속적인 연구가 이루어지고 있다(이태수, 주교영, 2019).

3 온라인 교육에서의 가상현실

　가상현실은 주로 오프라인에서 교육이 이루어져 왔으나, 최근에는 온라인 교육 분야에서도 가상현실을 적용한 콘텐츠에 대한 연구가 이루어지고 있다. 무엇보다 가상현실은 안전한 환경에서 반복적으로 훈련할 수 있는 장점을 가지고 있기 때문에 고위험과 고비용의 산업훈련을 대체 가능한 장비실습형 가상훈련 콘텐츠에 이용되고 있다. 허준영과 노혜란(2019)은 수업사례를 실제로 가상훈련을 적용하여 개발 및 운영하였으며 해당 수업을 통해 온라인 학습을 한 후 학습자에게 미치는 영향과 교육적 유용성을 연구하였다. 그 결과 학습장들의 만족도는 긍정적이었으며, 가상현실을 이용한 후 실제 학습자들이 장비를 사용할 때 높은 학습 효과를 보였다.

다. 실감미디어 교육환경의 실례와 특징

　많은 가상 세계는 짧은 캐주얼 게임을 포함하고 있으며 플레이어는 종종 이 게임을 성공적으로 실행하여 가상의 사이버 머니를 누적할 수 있다. 학습 과학자들이 디자인한 가상 세계에는 종종 교육용 비디오 게임과 사이버 머니가 포함된다. 예를 들어 '화이빌(Whyville)'에서는 다양한 과학 게임을 통해 회원들이 자신의 아바타를 꾸미고 다른 사람들과 친목을 도모하는 데 사용 가능한 가상 리소스를 누릴 수 있다. 예를 들어, 싱글 플레이어 게임인 열기구 레이스에는 화이빌 마을 사람들이 열기구를 탐색하여 이에 탑승한다. 그리고 땅에 있는 표적 위에 콩 주머니를 떨어뜨리고 풍선을 안전하게 착륙시킨다. 이 과정에서 온도의 밀도 관계, 가스의 속도, 바람의 방향을 이용하여 좌표 그래프를 통해 풍선의 위치를 변경함으로써 연소된 연료 및 열기의 양을 조작한다. 일련의 과정을 통해 학습자는 과학적 지식과 활용을 누적해가는 것이다.

화이빌은 또한 팀원들이 문제 해결에 함께 협력하기 위해 가입하는 협동 과학 게임을 포함한다. 한 예로 솔스티스 사파리가 있다. 솔스티스 사파리는 여러 그룹의 플레이어가 함께 일하면서 전 세계 다른 지역의 일출과 일몰에 대한 데이터를 수집한다. 이것이 화이빌 사람들 간의 협력과 사회적 상호작용을 장려하고 태양에 관한 지구의 위치와 시간, 계절, 기온, 지형에 대한 개념을 가르친다.

화이빌에서는 플레이어가 가상 전염병과 같은 몰입형 과학 시뮬레이션에 참여할 수도 있다. 예를 들면, 천연두의 정기적인 발생은 플레이어 아바타를 감염시켜 얼굴에 붉은 얼룩을 만들고, 채팅을 금지시키고 '에취'라는 재채기 소리만 낼 수 있도록 하여 눈에 띄는 효과를 낸다. 플레이어들은 개인 차원뿐만 아니라 지역사회 차원에서도 전염병이 몇 주 동안 가상 세계로 퍼지면서 발생하는 파장을 경험한다. 질병관리를 위한 가상의 센터는 온라인 커뮤니티에서 감염의 추이를 집계하는 그래프의 형태로 정보를 제공한다. 또한 토론 포럼은 다양한 질병 벡터를 평가할 수 있는 맥락을 제공하는 반면, 온라인 신문은 화이빌에서 질병의 다양한 측면에 대해 짧은 기사로 자세히 설명할 수 있는 공간을 제공한다. 그리고 전염성 시뮬레이터는 플레이어가 자체 발병을 설정하고 실행할 수 있도록 하며 감염의 확산과 영향에 대한 예측을 할 수 있게 해준다.

화이빌 내 천연두의 영향에 대한 연구 결과에 따르면 온라인 참가자들은 과학 탐구 관련 활동에 참여했다. 지역사회 차원의 채팅 기록에서 알 수 있듯이, 발병 기간 동안 참가자들의 과학 대화가 증가했다. 천연두 발생 중 화이빌을 방문한 교내 클럽 회원들을 대상으로 연구했을 때, 그들은 감염에 초점을 맞출 뿐 아니라 전염병의 최초 발생지와 잠복 기간에 대한 가설을 세우는 많은 대화를 나누었다. 전염병 시뮬레이터의 사용은 발병 전과 후를 비교했을 때 크게 증가했다. 이는 소규모 버전의 전염병을 실행하여 전염성 발발의 영향 및 길이에 대한 예상을 만들고 테스트할 수 있는 것이다. 플레이어들은 지역사회 감염 그래프의 상태를 검사하기 위해 가상 센터에 더 자주 방문하였을 뿐 아니라, 시뮬레이터로 전염병 설계를 테스트하였다. 한 가지 중요한 발견은 전염병 시뮬레이터를 연속적으로 사용할 때 참가자들의 예측이 개선되었다는 것으로 참가자들이 매개변수를 설정할 때 무작위로 하는 것이 아니라는 것을 보여주었다. 마지막으로 청소년들이 온라인 신문에 쓴 백 개 이상의 기사를 분석한 결과 지역사회가 가상의 전염병을 알아차리고 예방 조치, 사회적 상호작용, 일반적인 반응과 관련된 문제들을 논의하였다.

두 번째 예는 매우 다른 유형의 학습 기회를 예시한다. 즉 공략 사이트 사용자는 가상 세계의 문화적 규범과 관행에 대한 정보를 제공할 뿐만 아니라 다른 사람들에게 게임의 해답과 지름길을 알린다. 수백 개의 그러한 공략 사이트는 웹상의 어떤 가상 세계에서도 찾아볼 수 있다. 그들 중 일부는 게임에 대한 해답과 해결책을 나열할 뿐이고, 다른 것들은 참가자들이 교육 게임에 포함된 아이디어와 원칙을 이해하는 것을 돕기 위해 종종 도표로 보완되는 개념에 대한 상세한 설명을 제공한다. 게임 커뮤니티의 흔한 부분인 이러한 공략 사이트는 교육용 게임의 디자인을 실현하는 것이 어떻게 풍부한 학습 기회가 될 수 있는지를 보여준다. 최소한 상세한 설명이 제공될 때 말이다. 또한 공략 사이트는 쉽게 복사할 수 있는 정답 이상의 것을 제공하도록 하는 교육용 게임 설계에 대한 강력한 사례를 제시한다. 교육용 게임은 문제를 해결하고 설명을 만들어내도록 하여 참가자들을 질의에 참여시켜야 한다.

비공식 가상 세계의 세 번째 예인 '마인크래프트'에서 플레이어는 질감이 있는 3차원 블록을 사용하여 물체와 건물을 만들 수 있으므로 자신만의 몰입형 환경을 설계할 수 있다. 마인크래프트는 서로 다른 생물 영역을 가진 대략적인 양식의 밤낮이 있으며, 플레이어가 아닌 캐릭터의 예를 들면 동물이나 몬스터가 있다. 플레이어가 세계의 다른 지역으로 이동할 수 있는 탐색, 플레이어가 물체를 만들고 공유할 수 있는 기술, 적대적인 플레이어와 생물의 공격으로부터 살아남기 위해 건강과 피난처를 유지해야 하는 전투 등 다양한 형태의 게임 플레이가 가능하다. 마인크래프트의 제작 방식은 잠재적 학습 이점으로 인해 학습 과학자들로부터 상당한 관심을 받았다. 예를 들어 마인크래프트의 물리 엔진은 기계장치에서부터 전기 회로에 이르는 간단한 시스템과 CPU와 같은 더 복잡한 시스템을 만드는 데 사용되어 왔다.

이러한 비형식적인 공간은 방대한 수의 참가자들에게 콘텐츠와 질의에 관여하는 다양한 방법을 제공한다. 10대 가상 세계의 선두주자인 '하보 호텔'은 회원 수가 2억 6,800만 명을 넘어섰고, 매달 900만 명 이상의 독보적인 이용자를 확보하고 있다. 마인크래프트는 2,800만 명 이상의 이용자들을 보유하고 있다. 화이빌은 8~14세 이용자 650만 명을 보유하고 있다. 가상 세계에서 지정된 기간 동안 학생들이 참여해야 하는 학교 환경과는 달리, 학교 밖에서의 참여는 자발적이다. 이로 인해 상대적으로 적은 비율의 가상세계에 과도하게 종사하는 플레이어부터, 가끔 사이트를 방문하는 플레이어와 주변 활동에만 참여하는 캐주얼 플레이어에 이르기까지, 플레이어의 참여도의 분포를 균일하지 않다. 많은 상업적, 비공식적 가상세계에서 실제로 등록된 플레이어들의 수는 종종 수백만 명에 이르지만, 그들 중 극히 일부만이 실제로 교육활동에 참여하고 온라인 트래픽과 기여의 대부분을 창출한다.

가상 세계가 직면한 가장 큰 도전은, 가상 세계 중 가장 인기 있는 프로그램이 사회적으로 바람직하게 여겨지는 학습 결과를 위해 명시적으로 설계되지 않았다는 것이다. 화이빌 및 가상 전염병과 같은 커뮤니티 게임의 성공은 예외적이다. 이 유형의 커뮤니티 게임은 유행병 전염병을 통한 몰입형 경험을 플레이어에게 제공함으로써 엄청난 수의 참가자를 이점으로 활용한다. 이러한 몰입형 경험은 또한 게임 플레이의 일부로 삼아 가상 세계의 사회적 차원을 활용하고 플레이어가 추가 조사하도록 유도한다. 일부 가상 세계는 플레이어가 아바타 파트, 빌딩 블록, 글 등의 형태로 콘텐츠를 설계하고 공헌할 수 있도록 함으로써 창조적 참여의 기회를 제공하지만, 이들 대부분은 옵션의 사전 설정된 메뉴를 제공하여 플레이어의 창조적 자유를 제한한다. 학교 밖의 가상 세계에서 학습의 잠재성과 이점은 사용자들의 참가뿐만 아니라, 창의적 디자인과 저술의 형태로 제시되는 공헌에 있으며, 이는 가상 세계 구축 커뮤니티의 엄청난 성장과 프로그래밍과 팬픽션을 주제로 하는 온라인 청소년 커뮤니티의 인기에 의한 것이다.

가상 세계는 플레이어와 그들의 행동에 대한 정보를 수집하고 저장한다. 이 정보는 교사와 학생들을 위한 진단적인 피드백을 생성하고, 이해 및 성과에 대한 요약 평가를 제공하며 참여 패턴을 조사하는 데 사용될 수 있다. 가상 세계는 상대적으로 개방적인 학습 경험이고 많은 양의 데이터가 생성되며 그중 일부만 학습과 관련되기 때문에 이러한 데이터는 분석하기 어렵다(Dede, 2012). 또한 가상 세계의 가장 유익한 학습 결과는 복잡하고 높은 수준의 능력(예: 비정형적인 상황에서 좋은 문제를 식별하는 방법 학습)이며, 알고리즘 방식의 자동화된 방식으로 분석하기 어렵다. 결과적으로 가상 세계에서의 평가는 연구해야 할 현상이 명확하게 정의되어 있고, 관련 없는 정보가 상황을 흐리게 하지 않는(의사결정

상황에서 선택 가능한 대안이 상황과 연관 있는 몇 가지로 제한된), 철저히 구조화된 컴퓨터 기반 학습 환경(예: 개인 교수 시스템, 간단한 시뮬레이션 및 게임)보다 더 복잡하다. 가상 세계에서 수집된 데이터는 세부 사항이 풍부하기 때문에 가상 세계가 이해와 수행에 대한 매우 효과적인 평가를 제공할 수 있는 잠재력이 있다.

가상 세계는 형성평가 및 총괄평가에 대한 고유한 잠재력을 제공한다. 잘 설계된 가상 세계는 매우 매력적이기 때문에 학생들은 성공하기 위해 노력한다. 이것은 많은 유형의 테스트와 달리 모든 학생이 최선의 노력을 기울이고 있음을 의미한다. 더 나아가 앞서 논의한 것처럼, 가상 세계는 넓은 범위의 수행을 불러일으킬 수 있다. 에코무브가 보여주듯이, 생태계의 문제에 대한 서사 구조 내 실제 연구 그룹의 인턴십에서 학생들이 보여줄 수 있는 거의 모든 수행을 시뮬레이션할 수 있다. 즉, 매우 광범위한 학습 경험과 멘토가 숙달의 진행 상황을 평가할 수 있는 평가 상황은 학생들의 참여도, 자기 효능감, 이해 및 수행을 드러낼 기회를 얻을 수 있음을 의미한다. 리버 시티 학생들이 진행 중인 활동과 상호작용에 대한 상세한 분석에서 연구자들은 사전 또는 사후 테스트와 학생 팀이 교육과정 마지막에 진행한 과학 컨퍼런스를 통해 학습의 증거를 발견했다. 즉, 잘 짜인 진단적 평가와 제공되는 학습 궤도의 흔적을 통해 학습의 과정을 이해할 수 있다.

마지막으로 가상 세계는 학습자가 무엇을 알 수 있는지와 할 수 있는지 그리고 현재 문제에 교육 프레임과 사전 지식을 적용할 시기와 방법을 찾는 데 있어서 일련의 의미 있는 증거를 수집할 수 있다. 가상 세계는 참여자의 로그 파일을 통해 공간의 이동, 상호작용, 발화, 협력활동 등 각각의 학생 행동을 자동으로 문서화하고 시간을 기록한다(Dede, 2012).

학생들이 가상 세계에서 탐구할 때 취하는 경로는 학생의 과학적 탐구에 대한 이해의 중요한 예측변수이다. 리버 시티에서는 로그 파일 데이터를 사용하여 개별 학생들과 그들의 팀을 위한 이벤트 경로를 생성했다. 학생들과 교사는 이것이 상대적 탐구 기술과 팀의 협력 정도에 대한 진단 피드백의 유용한 원천임을 알게 되었다. 아바타 로그 시각화 프로그램을 개발함으로써 이 연구를 확장했으며, 이것은 시간 경과에 따른 움직임의 패턴으로 표시되는 학생의 하위 모집단에서 이벤트의 상대적 빈도를 묘사하는 일련의 슬라이드를 생성한다. 예를 들어 아바타 로그 시각화 프로그램은 수업 후 수행이 좋은 학생과 낮은 학생들의 검색 전략을 대조하여 내용에 대한 사후 검사의 점수를 상위 10개와 하위 10개로 표시한다. 수행 능력이 우수한 학생들의 선호 위치 및 검색 전략은 진단 피드백에 사용될 수 있으며, 또한 후속 수업에서 학생들에게 시연될 수 있다. 실적이 저조한 학생의 위치 및 검색 전략은 그들이 이해가 부족한 유형에 대한 통찰력을 제공할 수 있다.

라. 적용의 시사점

인간의 기술이 발전하면서 다양한 분야에서 가상현실을 접목하려는 움직임이 일어나고 있다. 특히 가상현실은 가상의 환경을 실제처럼 느끼게 해줄 수 있다는 장점을 지니고 있어 학교 현장에서 학습하기 어렵거나 쉽게 접하지 못한 분야에서 활용되고 있다. 그러나 이런 영역들도 크게 보면 교육적인 측면을 모두 가지고 있다. 이에 가상현실을 교육적인 영역에서 설계할 때는 다음과 같은 시사점을 도출할 수 있다.

1 학습은 맥락화된 상황 속에서 일어난다

모든 학습은 특정 맥락 속에 놓여 있고, 이 맥락은 학습자의 학습을 도울 수도 있고 방해할 수도 있다. 학습자가 가상현실 속에서 무언가 수행하는 것을 배운다면, 이것은 마치 학습자가 실제 생활 속에서 무언가를 수행하는 것처럼 느껴질 것이다. 앞서 언급한 것처럼 리버 시티 프로젝트의 경우 학습자들은 실생활과 관련된 과학적 탐구 활동을 하면서, 마치 과학자가 된 것처럼 느끼며 학습을 경험하였을 것이다. 또한 장비 실습형 가상현실 콘텐츠는 고위험과 고비용으로 인해 학습자가 쉽게 다루지 못한 장비를 가상현실을 통해 습득함으로써 실제 장비를 운용하는 데에도 효과적인 도움을 준 것으로 볼 수 있었다.

2 학습자는 자기주도적으로 학습하며 지식을 구성한다

가상현실의 학습 환경은 매우 안전하며, 실제 생활의 부정적인 반향 없이 행동을 반추하고 반성적 사고를 통해 학습이 가능하게끔 도와준다. '심티처(SimTEACHER)'의 경우 예비교사는 가상 수업에서 매우 도전적인 가상 학생과 마주했을 때, 교사의 직접적인 지시나 도움 없이 학습자 스스로 문제를 파악하고 해결책을 찾으려 노력한다. 학습자는 스스로 상황을 반추하며 자신의 강점과 약점을 파악하고, 점차적으로 문제 또는 상황에 대한 해결력을 높일 수 있다. 의료 환경을 예로 들면 의료 현장에서는 환자의 인권과 안전 문제로 인해 의대생의 실습이 점차 어려워지고 있다. 의대생들이 직접 환자를 대면하기 어려워지는 것이다. 이들은 실제 환자를 만나더라도 전문 의사가 아니기 때문에 진료를 할 수 없을 뿐만 아니라 실습과정에서 실수를 할 수 있는 문제가 있다. 그러나 가상현실 환경에서는 실제 환자를 대면하는 것처럼 느껴지게 할 뿐만 아니라 가상환자를 통해 실제 진료를 하는 것처럼 느낄 수 있다. 또한 가상환자의 질병을 치료하기 위해 의대생 혹은 수련의들이 보다 적극적으로 자기 주도적 학습을 진행해 나갈 수 있다.

3 학습은 함께 이루어질 때 더욱 효과적이다

가상현실 학습은 그동안 혼자 HMD를 착용하고 학습하는 방식으로 이루어져 왔다. 그러나 앞으로의 가상현실 학습은 기술적인 부분이 향상된다면 협력 학습으로 변화할 필요가 있다. 가상현실의 학습자 주도적 학습 환경에서 협력적 요소가 가미된다면, 학습자들은 더욱 더 효율적으로 학습활동을 수행할 것이다. 특히 의료분야에서는 각 분야의 전문가와 협업을 하면서 환자 진료가 이루어지고 있다. 앞으로는 같은 장소가 아닌 다른 장소에서 각 분야의 전문가가 가상현실을 통해 협업할 수 있는 환경이 만들어질 것이다. 이와 같이 가상 학습 환경의 커뮤니티 안에서는 학습 구성원 모두 멘토, 코치, 가이드가 될 수 있으며 동료나 교사로부터의 피드백은 학습에 매우 효과적일 것이다.

4 가상학습 환경은 구조화되어 있어야 하며, 명백한 학습 목표를 제시해야 한다

가상현실 속 학습자가 직면하게 되는 문제는 특정 맥락 속에 놓인 문제로 해결이 간단치 않다. 리버 시티에서와 같이 학습자는 실제 과학자처럼 복잡한 문제를 해결해야 한다. 교사나 교수 설계자는 학습 목표를 명확하고, 학습 단계를 세분하여 계열화하는 것이 중요하다. 학습자는 세분화된 학습 단계를 밟아가며 최종적인 학습 목표에 도달할 것이다. 또한 각 단계에서 즉각적인 피드백과 반성적 사고가 매우 중요하다. 이처럼 가상현실 학습 환경도 다른 학습 환경과 마찬가지로 비구조화된 학습 환경이 아닌 구조화된 교수 설계에 의해 이루어져야 한다는 것이다. 가상현실 학습 환경은 철저히 교수자의 설계에 의해 학습자가 학습 목표를 습득할 수 있도록 구성되어야 한다.

제7장
통일교육과 실감미디어 적용

오종현(전남대학교 교육문제연구소)

챕터 개요

통일교육은 냉전기를 거치며 대결과 대립에 기반하여 이루어졌다. 북한은 한민족이면서도 타도해야 할 대상으로 규정되었다. 그러나 냉전의 해빙무드가 도래하고, 남북 간의 대화가 증대되면서 통일교육 또한 평화와 화해, 협력에 초점을 두는 방향으로 변화하게 되었다. 향후 실감미디어는 물리적, 시간적으로 함께하기 어려운 공간을 직접 목도하는 것과 같은 효과를 내는 방향으로 활용할 수 있다. 또한 다양한 엔터테인먼트적인 요소를 접합함으로써 통일 관련 지식이나 북한 관련 지식을 대중에게 쉽게 전달할 수 있을 것이다.

1. 통일교육의 흐름

제2차 세계대전과 한국전쟁을 거치며 전 세계적으로 냉전 구도가 고착화되었다. USSR과 미국을 중심으로 이루어진 대립 구도 속에서 세계는 양분되기 시작했고, 특히 한반도는 대립이 가장 첨예한 상태로 이루어지는 공간이 되었다. 특히 3년여에 걸친 한국전쟁은 남·북한 주민 모두에게 냉전과 대립을 각인시켰고, 이로 인한 적개심과 분노, 분열은 고질적인 사회현상으로 자리 잡게 되었다. 민족적 동질감 및 동지 의식과 함께 극도로 적대적인 감정을 기반으로 상대를 타자화하는 상황이 만들어지게 된 것이다.

이와 같은 출발점 위에서 출현한 통일교육은 처음부터 분열과 대립이라는 문제에 천착할 수밖에 없었다. 1953년 7월 27일에 판문점에서 이루어진 휴전협정은 전쟁을 잠시 멈춘 것뿐으로 항구적인 평화를 가져다주지 못했다. 결국 타자로 상호 간을 바라보는 가운데 통일교육 활동이 출현하게 되었다. 상대와의 통일을 전제로 교육활동이 벌어지게 된 것이다. 이는 기본적으로 정권의 성립과 유지라는 문제와 관계되어 있었으므로 통일교육에 대한 방향과 시각 또한 개개의 정권이 지닌 방향성과 집권 기간 동안 발생한 국제적 상황에 따라 각기 다르게 진행되었다.

분열이 명확해진 이승만 정권 이후 1987년까지 주요 방향은 반공교육에 초점을 맞춘 것이었다. 이 시기 통일교육은 국민의 안보의식을 고취하고 이념적 우월성과 대한민국의 체제 정당성을 주장하는 것에 중심을 두었다. 남북대립이 명백한 상황 속에서 민족적 동질성을 강조하거나 객관적인 사실을 전달하는 데 초점을 맞추기보다 '반공'이라는 목적론적 가치가 우선시되었다.

분단의 시작점인 이승만 정부는 정권 초기부터 북진통일을 기조로 삼았다. 군사적인 능력이 북한에 비해 열악한 가운데 북진통일은 자력으로는 비현실적인 것일 뿐만 아니라 국제적 문제를 일으킬 수 있는 것이기도 하였다. 실제로 한국전쟁의 발발과 전개는 이승만 정부가 주장하던 북진통일론이 얼마나 허상에 가까운 '구호'였는지 드러냈다. 한국전쟁 동안 이승만 정부의 모습은 패배와 도망으로 얼룩졌다.

이후 4·19혁명을 통해 잠깐의 민주정부를 거친 대한민국은 5·16군사 쿠데타로 새로운 정치세력을 맞이하게 된다. 1963년에 공식적으로 출범한 박정희 정부는 반공을 중요히 생각하였으며 북한과의 관계에 있어서도 대립과 대결에 무게중심을 두었다. 특히 북한과의 군사적 갈등과 긴장 고조 상황이 벌어지면서 대결과 반목의 양상은 더욱 뚜렷하게 나타났다.

다만 60년대 말 70년대 초에 등장한 전 세계적인 해빙 분위기는 남북 관계에도 큰 영향을 미쳤다. 1964년의 통킹(Tonkin)만 사건을 기점으로 이루어진 미국의 베트남에 대한 군사 개입은 미국 내부적으로 다양한 갈등과 논쟁, 경제적 소모를 발생시켰다. 이 과정에서 미국의 대통령인 리처드 닉슨(Richard Nixon)은 괌(Guam)에서 닉슨 독트린(Nixon Doctrine)을 발표하여 향후 갈등 지역에서 직접적인 군사적 개입을 피하는 것을 골자로 하는 외교 기조를 내비쳤다.

한편으로 미국과 중국은 '핑퐁외교'(Ping-pong diplomacy)로 대표되는 화해무드를 만들어낸다. 미국 탁구선수단의 중국 방문과 면담 활동은 교류를 만들어내는 시발점이 되었으며 국가 안보담당 보좌관인 헨리 키신저(Henry A. Kissinger)의 방문과 닉슨 대통령의 중국 방문은 결정적인 변환점을 만들어냈다. 예상보다 길어진 베트남 전쟁의 피로도가 미국과 중국의 관계를 변화시켰으며 외교관계 수립과 경제 및 문화교류의 확장을 골자로 하는 상하이 코뮈니케(Shanghai Communiqué)가 발표되도록 만든 것이다.

냉전으로 인한 갈등이 점점 무뎌지는 분위기 속에서 이루어진 남·북의 만남은 이전과는 다른 결과물을 만들어냈다. 7·4 남북 공동 성명을 발표함으로써 '자주', '평화', '민족대단결'이라는 기본적인 3대 통일 원칙을 도출해 낸 것이다. 이는 휴전협정 이후 공식적으로 이루어진 첫 평화 논의라 할 수 있다. 성명을 통해 대립과 대결상황이 해결된 것은 아니었으나, 향후 진행될 평화와 통일에 관한 논의의 기초 틀을 놓을 수 있었다. 물론 양국은 화해무드 속에서 각각 정권 안정화와 국방비 지출의 감소라는 경제적 요소 또한 얻을 수 있었다.

　1979년 10·26 이후 12·12쿠데타를 거쳐 전두환 정부가 들어섰으나 북한에 대한 기본 기조는 크게 변화하지 않았다. 대립과 타자화를 통하여 정권 유지의 도구로 사용한 것이다. 그러나 6월 항쟁을 겪으며 정치구조의 변화가 일어났으며, 시민들의 사고 또한 내부적으로 변화되기 시작했다. 북한에 대한 인지가 적화통일에 방식이 아닌 '민족' 가치에 기반한 형태로 변화하기 시작했다. 무조건적인 배척과 대립이 아닌 자유, 민주, 평화의 메시지를 담은 목소리가 조금씩 나오기 시작한 것이다.

　국내의 이러한 변화는 사실 전 세계적인 변화와 무관한 것은 아니었다. 80년대 말부터 USSR을 중심으로 사회주의 국가들의 한계가 노출되기 시작했다. 양 진영에서 나타나는 경제적인 지표의 차이는 이를 명확하게 보여주기 시작했으며 1989년에 벌어진 베를린 장벽의 붕괴는 냉전이 붕괴되었음을 보여주는 상징적인 사건이 되었다. 이후 냉전으로 인한 대립 상황은 점차 약화되었고, 독일의 통일은 국내의 통일교육에 매우 큰 활력소로 작용하였다.

　1991년의 남·북 동시 국제연합(United Nations) 가입과 남북 기본합의서의 채택은 통일과 관련한 평화논의가 국제적 요소에 얼마나 영향을 끼쳤는지를 보여준다. 국제연합에 동시에 가입함으로써 남과 북은 상대를 '비국가단체'나 '무장단체'로 인지하는 것이 아니라 하나의 정상국가로 인정하는 것이라 할 수 있다. 이와 함께 남북기본합의서를 채택함으로써 상호 체제 인정과 상호불가침, 교류 및 협력 확대를 명확히 하였다. 일련의 흐름 속에서 반공의 가치는 점차 약화되어 갔으며 북한과의 평화와 공존에 대한 논의가 더욱 중요하게 자리 잡기 시작했다. 따라서 문민정부 시간 동안에는 냉전체제에 따른 단선적 접근이 아닌 복합적 접근이 강조되었다.

국민의 정부와 참여정부 시기의 통일교육은 대북 화해협력에 초점을 두고 있다. 이 시기 통일관련 정책은 '햇볕정책'이라는 큰 기조로 설명할 수 있으며 통일교육 또한 그 안에서 일련의 활동이 진행되었다(정지웅, 2005). 남북 정상회담이 2000년과 2007년 두 차례에 걸쳐 평양에서 개최되었으며 이를 통해서 남과 북 사이에는 본격적으로 평화 분위기가 만들어졌다. 금강산 관광사업과 개성공단으로 대표되는 일련의 교류활동 속에서 평화와 화해, 상호이해의 분위기가 만들어졌다. 따라서 이 시기의 통일교육은 북한에 대한 이해와 평화에 대한 추구가 중심을 이루었다. 또한 1999년에 제정된 '통일교육지원법'을 토대로 통일 환경의 변화에 맞춰 통일교육을 재정립하고 체계적으로 실시하고자 하는 목적으로 통일교육을 지원하기 위한 법적 근거와 원칙을 제시하고 있다. 이를 통해 보다 연속적이고, 체계적으로 통일교육 활동이 이루어질 수 있는 근거와 토대가 보장되었다.

이명박, 박근혜 정부 시기 동안 통일 관련 활동은 경직된 형태로 진행되었다(한만길, 2019). 북한과의 관계에 있어서 상호주의에 치중한 이명박 정부는 통일교육에서도 국가 안보와 대북 강경책을 앞세운 시각을 중시하였다. 즉 상호주의라는 틀 속에서 남한이 북한에 지불하는 만큼 북한 또한 남한에 상응하는 가치를 지불할 것을 요구한 것이다(박찬석, 2016). 2013년에 발행된 통일교육지침서는 "한반도의 안보현실을 정확히 이해시키고 여러 안보 위협으로부터 국민의 생명과 안전을 지키고 국가를 유지·보존하는 것이 무엇보다 중요한 과제임을 인식시켜야 한다(박찬석, 2016)"고 언급하고 있다. 이와 같은 관점의 유지는 곧 남북관계를 경색시키는 결과를 가져오는 데 결정적인 역할을 하였다.

문재인 정부의 통일교육 내용은 통일과 북한을 이해하는 내용을 중심으로 방향을 전환하였다. 즉 분단의 배경과 통일의 필요성, 북한에 대한 이해와 사실에 대한 설명, 통일의 과정과 미래상을 강조하는 방식으로 변화한 것이다(김흥수, 조수경, 2019). 실제로 통일교육 기본계획에 따르면 목표를 평화통일의 실현 의지 함양, 건전한 안보 의식 제고, 균형 있는 북한관 확립, 평화 의식 함양, 민주시민 의식 고양(통일교육원, 2019)에 둠으로써 보다 객관적이고 균형 잡힌 형태로 통일교육에 접근하고자 한다.

21세기에 이르러 통일을 위한 국제환경은 급격히 변화되고 있다. 전반적으로 세계의 많은 나라가 우경화 혹은 보수화되고 있는 가운데 미국은 아메리카 퍼스트를 내세우며 미국의 패권을 유지하고, 경제 및 무역전쟁에 나서고 있다. 중국은 '중국몽'을 위해 일대일로(一帶一路) 사업을 진행하여 동아시아 및 세계적인 패권국가로 도약하고자 노력하고 있다. 일본 또한 극우 세력이 권력을 잡고, 언제든 전쟁이 가능한 국가로 자신들을 바꾸려 하고 있고, 러시아 또한 푸틴을 중심으로 강력한 지도력을 가진 패권주의를 내세우고 있다. 일련의 상황은 국제적인 상황이 통일로 나가는 데 걸림돌로 작용하고 있는 모습을 보여준다. 각국은 자신의 이익을 최우선으로 두고, 한반도의 상황을 이용하려 하고 있다. 이를 생각할 때 통일교육의 강화를 위해서는 단순히 남과 북을 이해하는 데 그치지 않고, 한반도를 둘러싼 국제정세를 이해하기 위한 노력이 함께 진행되어야 한다.

한편으로 매체를 기준으로 볼 때 오랫동안 학교 교육 현장은 주로 텍스트와 구술에 중심을 두고 있었다. 이는 가장 기초적이면서도 인류가 오랜 기간 사용한 매체였다. 그러나 경제 발전이 이루어짐에 따라 교육 현장에서는 다양한 형태의 매체가 활용될 수 있었다. 비디오나 사진, 그림 자료들이 교육 현장에서 활용되기 시작하였으며 정보화 시대를 거쳐 컴퓨터와 온라인을 이용하는 모습 또한 등장하였다. 기술의 발전과 대중이 사용하는 매체의 변화에 따라 새로운 매체들이 사용된 것이다. 그럼에도 통일교육은 종종 학습자의 욕구를 따라가지 못하였는데 진학 중심의 체제 속에서 부수적인 교육 분과일 뿐만 아니라 교육 영역과 방법 또한 한정적이었기 때문이다.

이러한 와중에 디지털 문화에 익숙한 Z세대의 출현은 새로운 매체를 일상적으로 사용하는 집단이 성장하였음을 의미한다. 이들은 디지털 기기와 인터넷에 기반한 활동에 익숙하며, 성장과정 전반에 걸쳐 아날로그와 거리를 둔 새로운 세대이다. 90년대 중후반에 출생한 이들은 오늘날 청소년 및 대학생 층위에 분포하고 있기 때문에 교육활동과 밀접한 연관성을 갖게 된다. 즉, 통일교육에 있어서도 새로운 변화를 요구하는 세대가 등장한 것이다.

이러한 사회계층과 사용 매체의 변동은 통일교육에 있어서도 변화를 가져오고 있다. 이념적 성향이나 단일 가치를 강조하는 형태가 아니라, 보다 다양한 방법으로 가능한 객관적인 정보와 사실에 접근할 수 있도록 교육 방법이 변화되고 있다. 이는 곧 통일교육 방법론에 대한 확장을 의미한다. 디지털 기기와 인터넷 미디어에 익숙한 세대에 알맞은 매체에 대한 요구가 증가하고 있는 것이다.

Z세대의 출현은 "우리의 소원은 통일"이라는 방식의 한계성을 여과 없이 드러내었다. 이들에게 당위성과 민족적 가치에 기반한 통일에 대한 논의 방식은 점차 설득력을 잃고 있으며 분단의 고착화에 따른 사회 안정과 현상 유지에 대한 욕구가 강하게 작용하고 있다. 특히 북한을 공통 '민족'이 아닌 '타자'로 인식하며 통일에 대한 문제를 실리 위주의 관점에서 접근하려는 것 또한 이들이 보이는 특징이다. 즉, 나에게 이득이 되는가 혹은 그렇지 않은가에 초점을 맞춰 통일문제를 인식하고 있는 것이다.

결국 변화하고 있는 세대와 사회구조, 시대적 흐름을 생각할 때 통일교육의 방법론 및 접근법 또한 변화될 필요가 있다. 이를 위해서 향후 '학습자 특성에 맞는 통일교육', '다양한 가치관과 태도를 기르는 통합적인 통일교육', '학습자 중심의 통일교육', '흥미와 관심을 증진하는 다양한 방법의 통일교육'(김도헌, 임상훈, 2019)의 적용이 필요한 것이다.

2. 향후 가능성과 적용방법

타자에 대한 이해와 접근의 출발점은 종종 '앎'에서 출발한다. 대상에 대한 정보 없이는 무엇인가를 이해하는 것이 불가능하기 때문이다. 실제로 인간은 자신이 예측할 수 없는 것에 대해 본능적으로 거부감을 지니고 있다. 이는 타자와의 관계를 성립하고, 구축해가는 데 있어서 정보를 전달하고, 이해하며 다시금 재생산하는 작업의 중요성을 강조해 준다.

정보전달에 있어서 인간은 종종 시간적, 공간적 한계성을 지니게 된다. 이는 인간이 사용하는 매체가 가지고 있는 특징으로 매체는 결국 현실세계의 물리적 한계성을 뛰어넘기 어렵기 때문이다. 그럼에도 매체의 발달은 시간과 공간의 한계를 넘어서기 위한 노력으로 진행되어왔다. 보다 광범위한 영역과 더 많은 사람들에게 메시지를 전달하고자 한 것이다.

이와 같은 상황 속에서 실감미디어를 주목하게 만드는 특징은 초월성이다. 인간의 교육활동은 종종 물리적 공간과 시간적 제약이라는 어려움과 마주하게 된다. 예를 들어 역사교육을 실시할 경우 과거에 대한 지식은 전달할 수는 있어도, 당대의 모습을 재현하거나 '경험'시켜줄 수는 없다. 지리교육을 진행할 경우 등고선을 읽는 법이나 그리는 법을 보여줄 수는 있어도 등고선에 따라 만들어진 산을 직접 보여 줄 수는 없다. 그러나 실감미디어는 이러한 부분을 기기를 통하여 '체험'할 수 있도록 하면서 물리적, 시간적 초월성을 지니게 된다.

실감미디어가 지니고 있는 초월성을 통일교육에 적용할 경우 특정 사건이나 특정 공간을 시간적, 거리적 한계를 제거한 후 보여줄 수 있다. 특히 VR 기술을 이용하여 역사적 현장이나 공간을 재구성할 수 있다. 즉 통일과 관련한 주요 사건이나 핵심 공간을 생생하게 전달할 수 있도록 구성해낼 수 있는 것이다. 학습자는 VR 형태의 프로그램을 이용하여 사건이나 상황 속에 자신이 직접 들어가 있는 것과 같은 경험을 할 수 있게 된다.

예를 들어 판문점은 VR 형태로 경험하기 좋은 공간이다. 이는 남북의 분단이 정전협정을 통해 고착화된 장소임과 동시에 이후 주요한 접촉이 있을 때마다 남과 북이 마주 앉는 장소이다. 즉 갈등의 장소임과 동시에 타자에 대한 이해가 출발하는 장소로서 이중적인 가치를 지니고 있다. 고로 판문점을 VR을 통해서 구현하고, 체험할 수 있게 되는 것은 이중적 공간가치를 묶어서 체험할 수 있게 만들어줌을 의미한다.

판문점은 공간적 가치와 더불어 다양한 역사적 사건이 가미됨으로써 역사성을 갖게 된다. 북한과의 분단과 대립을 상징하는 사건들과 함께 공존과 평화를 상징하는 사건이 판문점과 그 일대를 중심으로 벌어져왔기 때문에 역사적 가치를 지니게 되는 것이다. 특히 최근에 벌어진 남북한의 만남이나 도보다리 회담과 같은 사건은 판문점을 명백하게 평화의 장소로 변환시켜준다. VR 기술은 이 같은 역사적 사건을 직접 목도하고, 체험할 수 있도록 만들어 준다. 즉 역사적 사건이 분리된 것이 아닌 하나의 경험적 가치로 변환되도록 만들어주는 것이다.

기실 현실에서 판문점은 공간적, 역사적으로 제약받는 공간이다. 판문점이 일반인들에게 방문하기 어려운 장소인 이유 중 하나는 법적, 제도적 제약이 존재하기 때문이다. 내국인의 경우 특별한 사유 없는 개인 관광은 거의 불가능하고, 사전 예약을 통해서만 방문할 수 있다. 이 경우 30인 이상 45인 이하로 구성해야 하며 신원조회 또한 필요하다. 즉 제도적으로 한반도 주변의 국외 관광을 가는 것보다 국내의 판문점을 가는 것이 더 어려운 것이다.

남한을 기준으로 볼 때에 북쪽 끝에 판문점이 위치한 지리적 상황은 이곳을 다수의 사람들이 방문해 보지 못한 공간으로 만든다. 실제로 수도권 일부를 제외하고, 판문점은 남한의 대다수 지역과는 접근성이 떨어진다. 부산이나 전남, 제주 등지에 사는 사람에게 판문점은 어쩌면 해외만큼이나 방문 기회가 적은 곳이다. 따라서 통일과 관련하여 중요한 역사적 공간임에도 다수의 사람들이 방문하지 못하고 있으며, 일상과는 거리가 먼 곳이 되어 있다. 그러나 VR 기술에 기반하여 판문점을 재현할 경우 물리적 제약이라 할 수 있는 공간적 한계가 극복된다. 판문점을 무대로 한 일련의 전경과 시설을 판문점에 방문하지 않고, 체험해 볼 수 있는 것이다. 또한 실제로는 접근이 어려운 북한 측에서의 접근 또한 가능하다. 북한이 관리하고 있는 시설물과 방향, 경로 등을 재연하여 남한 측이 아닌 북한 측에서의 경험 또한 가능한 것이다.

판문점을 대상으로 한 VR프로그램은 시간적인 자유도를 부여할 수 있다. 보통의 인간이 인식하기에 시간은 숫자로 표현되며 일정하게 흐르는 것으로 여겨진다. 그러나 숫자나 바늘은 시간을 표상하는 것일 뿐 시간 그 자체가 아니다. 도리어 역사를 기술함에 있어서 시간은 사건의 연속이다. 즉 하나의 사건이 벌어지기 전의 상황, 사건의 발생, 사건의 전개, 결과, 이후 영향과 변화라는 하나의 틀이 시간의 진행이라 할 수 있다.

이를 생각할 때 VR을 통한 사건의 간접체험은 특정 공간에 대한 누적 형태의 시간을 보여줄 수 있다. 즉 판문점을 중심으로 벌어진 여러 사건들이 다층적이고, 누적적 형태로 논리성을 가지고 체험자에게 제공할 수 있는 것이다. 정전협정, 7·4남북 공동성명, 도끼만행사건, 남·북·미 회담 등 다양한 역사적 사건들이 하나의 프로그램 안에서 시간적 한계를 극복하고 경험될 수 있다. 비극적 사건이나 평화를 향해가는 모든 사건이 판문점이라는 공간 속에 응축되어 있음을 보이고, 경험하도록 할수 있는 것이다.

이와 함께 프로그램에 역사적 사건을 부여할 경우 사건이 벌어지는 시간 속에 참여자가 직접 들어가 경험하는 효과를 누릴 수 있다. 통일의 과정에서 겪게 되는 다양한 경험들이 문서적이거나 나와는 상관없는 영역의 것이 아닌 직접적으로 이해되고, 간접적으로 체험되는 일이 된다. 참여자가 하나의 공간과 사건의 흐름 속에 던져진 경험을 하게 되기 때문이다.

한편으로 VR 기술은 북한의 여러 명승지나, 역사관광지, 주요 도시, 인물들을 경험할 수 있게 만들어 준다. 공간을 재구성하여 사람들에게 제공함으로써 대상 공간을 직접 목도하는 경험을 제공하는 것이다. 이러한 과정은 흥미를 유발할 뿐만 아니라 공간이 가지고 있는 다양한 정보를 프로그램 경험자에게 제공해 준다. 이와 함께 북한 주민과의 만남이나 접점 또한 제공 가능하다. 주민들의 생활이나 활동 양식, 말투, 외모, 의복 등 다양한 부분을 재현하여 경험자에게 직·간접적인 정보를 제공해 주는 것이다. 이를 통해 상대에 대한 이해도를 높일 뿐만 아니라 낯섦에서 오는 거리감 또한 감소시킬 수 있다.

특히 DMZ 내에 위치하고 있는 '궁예 도성'은 주목할 만한 장소이다. 궁예는 904년 국호를 마진(摩震)으로 개칭한 1년 후 수도를 철원으로 옮긴다. 그는 이곳에 새로운 수도를 건국하기로 하고, 도성을 지었는데 외성이 12.5km, 내성이 7.7km에 달하는 큰 규모였다. 국내에서는 보기 드문 사각형 구조로 일제강점기에 두 개의 석등이 국보로 지정되었다.

한국전쟁의 포화 속에서 궁예 도성은 발굴 및 연구 작업이 중단되었다. 일제 강점기에 경원선이 놓이면서 남북으로 분단되었을 뿐만 아니라 군사분계선이 도성을 양단하면서 모든 조사와 발굴은 불가능한 일이 되었다. 2001년에 있었던 남·북한 간의 해빙무드 속에서 조사 작업이 있었으나 완전한 조사 활동이 이루어지지는 못하였다.

VR 프로그램으로 궁예 도성이 다시 만들어질 경우 일차적으로는 망실된 역사적 공간을 복원하여 교육적 자료로 사용할 수 있다. 궁예 도성을 직접 목도함으로써 현재는 일반인 및 학생이 가볼 수조차 없는 역사 공간을 인지할 수 있기 때문이다. 그리고 한발 더 나아가 보다 완성도 높은 공간을 재구성하기 위해서 궁예 도성에 대한 연구 활동이 이루어지게 된다면 직접적으로 남·북한의 교류와 협력 활동에도 이바지할 수 있게 된다. 최종적으로 시간적 변화에 따른 궁예 도성의 명멸을 스토리텔링을 통해 표현할 수 있다면 공간을 중심으로 한 한반도의 역사를 누적적으로 이해시키고, 학습하도록 할 수 있다.

VR과 같은 고비용, 정교한 방식과 비교하여 보다 단순한 방법으로는 360° 카메라를 사용해 특정 공간이나 대상을 견식하는 것이 있다. 이는 사진과 동영상을 대상으로 진행할 수 있는데 HMD 기기나 VR 기기를 이용하여 자신의 눈앞에서 대상이 펼쳐지도록 만들 수 있다. 앞서 언급된 미국 자연사 박물관의 예와 같이 'DMZ 박물관'과 주요 기념시설, DMZ의 공간을 대상으로 콘텐츠를 만들어 낼 수 있다. 360° 카메라는 북한의 경우도 적용이 가능하나 이 경우 견식할 수 있는 고해상도의 자료와 동영상 확보가 선결되어야 하므로 제한적인 활용이 이루어질 확률이 높다.

또 다른 방식으로는 AR 기술과 보드를 사용하는 방식이다. AR 기술의 경우 GPS를 활용하는 방식과 마커를 사용하는 방식으로 구분되는데

GPS는 실제 공간을 방문해야하기 때문에 마커를 사용하는 것이 북한 관련 정보전달에 적합하다. 따라서 보드에 마커를 심어 다양한 정보를 제공하고, 그 가운데 엔터테인먼트적 요소를 삽입함으로써 학습자의 집중도를 높이는 것이 필요하다. 예를 들어 북한 특정 도시나 지역의 지도를 놓고, 보드게임과 같은 형태로 AR 게임을 진행할 수 있다. 이처럼 학생들은 게임 과정을 통해서 자연스럽게 정보를 인지하고, 기억하며, 활용하게 된다. 이를 통해 북한에 관한 이해도 증가와 객관적 사실에 대한 접근활동이 이뤄지게 되는 것이다.

원산시를 이용한 AR 보드게임

그림에서는 원산시를 이용한 AR 보드게임을 보여준다. 보드에서는 원산의 주요 관광지나 명승지를 대상으로 마커를 설치한다. 각각의 마커를 애플리케이션이 설치된 기기로 인식하면 공간에 대한 정보제공이 이루어진다. 예를 들어 금강관에 대해 인식할 경우 아바타가 출현하여 금강관

에 관한 기본 설명과 함께 판매 음식이나 부대시설 등의 정보를 함께 제
공한다. 학습 참여자는 기본적인 설명을 통해 정보를 습득할 수 있는데,
설명 대상을 확장할 경우 해당 도시의 주요 관광지나 장소, 기념 지역
등에 대한 배경을 자연스럽게 알 수 있다.

　이와 함께 아바타는 북한 내 관광업소와 관련된 직업 및 진로 영역
문제를 출제한다. 이를 통해 단순한 정보전달을 넘어서 복합적인 목적의
정보전달을 진행한다. 장소에 대한 이해와 함께 북한 거주민의 생활에
관한 정보전달과 이해를 진행하는 것이다. 학습자는 지역에 대한 기초
지식과 더불어 주민들의 삶이나 북한 사회에 대한 지식을 습득함으로 다
각적이고, 보다 실재적인 정보들을 취합할 수 있게 된다. 여기에 엔터테
인먼트적 요소를 삽입하여 게임을 진행하는 동안 점수 누적, 메달 획득,
이벤트 경험을 가능하도록 하였다. 이와 같은 다양한 흥미 요소를 보드
게임에 삽입함으로써, 학습자의 성취도와 집중력을 향상시킬 수 있다. 즉
보다 자발적으로 정보를 흡수할 수 있도록 몰입시키는 것이다.

　일련의 작업을 진행하는 가운데 필요한 중요 요소는 다양한 콘텐츠의
개발이다. 현재까지 실감미디어는 대중들에게 익숙한 방식이 아니다. 이는
호기심과 접근성을 유도한다는 장점을 지니고 있음과 동시에 낯섦으로 인
한 거부감과 다양한 콘텐츠 부족을 만들어낸다. 실제로 실감미디어는 주
로 이공계를 중심으로 한 교육영역과 직업훈련의 영역에서 주로 활용되고
있으며, 통일교육에 관한 부분에서 활용되는 것은 현재 거의 전무하다고
할 수 있다. 지속적인 흥미 유발과 다각적인 교육방법의 개발을 위해 다
양한 종류의 콘텐츠 개발은 무엇보다 진행되어야 할 선결과제이다.

　통일교육과 관련된 디지털교육은 그동안 디지털로 변환된 정보들을
일방적으로 습득하는 것에 무게를 맞춰왔다. 예를 들어 디지털로 표현된
영상이나, 사진, 수업자료, 강의자료 등이 사용된 것이다. 그러나 이러한

일차적인 자료가 아닌 '콘텐츠'화가 이루어진 통일교육 프로그램과 콘텐츠의 개발은 다양한 방향과 효율성으로 통일교육에 접근할 수 있도록 만들어 줄 것이다. 이와 함께 단일 요소가 아닌 다양한 요소와 분야를 결합하는 과정을 통해 융합된 다차원적 정보와 관점을 학습자에게 전달할 수 있을 것이다.

다음으로는 흥미로운 스토리텔링의 필요성이다(김도헌, 2019). 통일교육을 받는 대다수의 학습자는 분단의 현실이 우리가 살고 있는 현실임에도 불구하고, 이전 세대와 같은 직·간접적인 고통을 받지 않은 세대이다. 특히 미래세대는 이러한 현상이 더 두드러지는데 이로 인해 통일의 필요성이나 당위성에 대한 인식 또한 부족해지는 것이라 할 수 있다. 이들이 실감미디어의 콘텐츠를 효율적으로 이용하고, 더욱 깊은 몰입감을 갖도록 하기 위해서 학습자의 시각에 맞춘 스토리텔링이 필수적이라 할 수 있다. 적절한 스토리텔링을 위해서는 이론적이고, 논리적인 접근만큼이나 정서적 공감대를 만들어내는 작업이 필요하다. 커뮤니케이션의 과정에 있어서 정보의 전달은 이론적이고, 수치적으로 이루어지기도 하지만, 정서적인 공감의 장이 형성되는 것이 더욱 큰 영향력과 지속성을 갖기 때문이다. 이는 인간이 이성적, 논리적 존재이기보다는 정서적, 감정적 존재라는 점을 고려하는 것이라 할 수 있다.

스토리텔링의 활성화는 필연적으로 세심한 검토와 감수 작업의 필요성을 가져온다. 실감미디어를 이용한 통일교육 프로그램에는 필연적으로 북한 주민이나 북한과 관련한 관념들이 등장하게 된다. 이러한 경우 세심한 검토 작업을 거치지 않는다면 도리어 북한 주민이나 주요 관념들에 대한 편견과 왜곡된 시각이 나타날 수 있다. 예를 들어 북한 주민이 설명 대상으로 등장하는 경우 이를 시각적으로 묘사하는 방식이나 음성, 행동 및 사고 양식 표현에 따라 도리어 제작자의 편견을 노출할 수 있다. 이럴 경우 실감미디어가 지니고 있는 높은 몰입도는 득보다는 실로 작용하게 된다. 학습자가 더욱 효율적으로 대상을 왜곡하여 인지할 수 있도록 만들어주기 때문이다. 이를 방지하기 위해서 집단지성 형태 즉, 여러 검수자의 논의와 검토 작업이 필연적으로 이루어져야 한다.

통일교육은 시대적 요구와 상황에 따라 변화하여왔다. 정치적인 변화는 전반적인 기조에 영향을 끼쳤고, 교육을 받는 이들의 변화와 사회변화는 교육환경의 변화를 가져왔다. 4차 산업혁명과 Z세대의 출현이라는 이중적인 변화가 다가온 시점에서 통일교육의 방향과 방법 또한 새로운 변화를 요구받고 있다. 4차 산업혁명의 핵심기술인 실감미디어는 가상세계와 현실세계를 연결하는 매체로 높은 몰입감과 초월성을 기반으로 새로운 가능성을 제공할 것이다.

결론
MZ세대를 위한 통일교육 방법

류지헌(전남대학교 교육학과, 교육문제연구소 소장)

챕터 개요

이 장은 앞서 서술된 앞 장의 내용을 요약하고 전체적인 함의점을 도출하기 위한 것이다. 청소년 세대에서 평화통일은 자신들에게 당면한 과제가 아닐 수 있다. 평화통일에 대한 인식의 변화와 시민교육으로서 포용성과 상호이해의 중요성이 강조되었다. 이러한 분석을 바탕으로 MZ세대의 개인주의와 공정성에 대한 특징과 IT환경에 대한 탁월한 역량이 강조되었다. 이러한 MZ세대의 특징을 반영해서 실감미디어를 활용한 교육방법의 가능성을 알아보았다. 실제 개발사례를 통해서 MZ세대에게 적합한 방법이 될 수 있다는 점을 논의했다. 기성세대와 MZ세대는 서로 다른 특징을 갖고 있다. 우리 청소년들에게 평화통일의 중요성을 알려주기 위해서는 스스로 생각하고 필요성을 깨닫게 하는 것이 중요하다.

1. 평화통일과 청소년 세대

오늘날 우리 청소년들은 4차 산업혁명에 맞춰 다양한 진로준비를 해야하는 어려움을 안고 있다. 기성세대가 겪어보지 못한 사회변화를 맞이하면서 미래를 준비해야 한다는 것이다. 게다가 한반도의 평화통일을 위한 오래된 민족적인 과제 역시 함께 고려해야 한다. 평화통일에 대한 관점과 강조의 정도는 시대에 따라서 변해왔지만, 항상 우리가 대비하고 준비해야 하는 과제로 남아 있기 때문이다.

그러나 청소년들의 미래진로에서 평화통일에 대한 문제가 중요한 과제로 부각되기 쉽지 않다. 왜냐하면 청소년 세대가 당면한 미래사회에의 준비도 만만치 않은 일이며, 통일문제를 당위적으로 인식했던 기성세대와 다르게 오히려 평화통일에 대해서 부정적으로 인식하고 있기 때문이다. 또한 청소년이라고 하더라도 성별에 따라서 인식하는 수준이 현저히 다르게 나타나고 있기도 하다. 즉, 남녀 청소년들은 각각의 이유로 통일에 대한 실질적인 기대 수준이 높지 않다는 것이다. 여학생은 통일 이후 우리나라가 부담해야 하는 경제적인 부담 때문에 통일에 대해서 소극적인 태도를 보인다. 반면 남학생은 군입대 의무 복무와 관련하여 통일에 대해 기대하는 것으로 나타났다. 그러나 남학생들이 가진 군 복무와 관련한 기대를 제외한다면, 실질적으로 우리나라 청소년들의 평화통일에 대한 기대 수준은 높지 않다고 평가할 수 있다.

향후 통일이 이루어진다면 통일의 주체가 되어 한반도를 이끌어나갈 존재는 청소년이기 때문에 이들의 관심과 정서를 반영한 평화통일 교육을 기획하는 것이 바람직하다. 그러나 현재 중·고등학교에서 진행되고 있는 통일 수업은 도덕과목에 국한해서 진행되고 있다. 이러한 교과목 중심의 접근은 중고등학교를 위한 교육과정으로만 이해될 수 있다는 문제점을 안고 있다.

이런 문제의식을 바탕으로 이 책에서 다루고 있는 내용은 청소년들을 대상으로 한 평화통일 교육방법을 논의하기 위한 것이다. 평화통일 세대를 위한 준비과정으로써 청소년에 대한 평화통일세대의 개념을 정의하고 이 세대를 위한 평화통일의 가치가 무엇인지를 확인해보았다. 주로 1장에서 다룬 내용은 해방 이후부터 계속되고 있는 남북의 갈등 관계는 사회뿐만 아니라 개인에게도 상당한 영향을 미치는 요인이 된다는 점이다. 사회주의 체제 붕괴에 따라서 다소 긴장 요인이 완화되었던 때도 있었으나, 분단국가의 현실은 언제나 긴장 관계를 유발하게 된다. 이러한 분단상황 속에서 청소년 세대는 기존 세대와 상당히 다른 관점을 볼 수밖에 없다. 따라서 더욱 청소년들이 미래사회나 통일문제에 대한 폭넓은 이해를 할 수 있도록 대비하고 준비하는 것이 중요하다고 할 것이다. 실제로 기성세대는 민족적 당위성에 근거했다. 반면에 청소년 세대는 개인적인 차원에서 통일이 자신에게 미치는 영향을 더 많이 고려하게 된다는 점을 간과해서는 안 된다. 평화통일의 필요성에 대해서 청소년 세대가 충분히 공감할 수 있는 토대를 마련하는 것이 중요하다.

2장에서는 평화통일과 청소년의 관계를 볼 때, 시민으로서 청소년이 어떻게 행동해야 할 것인가에 주목했다. 우선 통일에 대한 공감대 형성을 위한 저변확대의 중요성을 강조하고 있다. 통일에 대한 다양한 개념과 미래사회의 변화라는 점을 함께 고려해야 한다고 보았다. 청소년 시민들은 이러한 미래사회를 준비하는 폭 넓은 시각에서 통일의 문제도 함께 고민해야 할 문제이다. 미래사회는 기술발전에 따라서 변화하기 때문에 변화방향을 예측하기 쉽지 않다. 다양한 미래진로를 계획해야 하며, 남북한의 평화통일은 미래사회를 더욱 확장하는 계기가 될 것으로 내다봤다. 청소년들에게 평화라는 공동의 목표를 기준으로 미래진로 준비를 위한 준비가 중요하다는 점을 강조하고 있다.

그렇다면 과연 평화통일을 위해서 청소년들에게 필요한 가치는 무엇인가? 3장에서는 이러한 물음에 대해서 포용성과 상호이해의 중요성 강조하고 있다. 학교교육이 청소년의 통일인식에 대해서 논의할 때, 포용성이라는 인류 보편성을 수용함으로써 분단의 문제점을 극복할 수 있을 것으로 기대하고 있다. 여기에서 한 가지 주목할 점은 분단된 현실의 문제점을 극복하려는 방안으로 이념적인 차이를 융합시킬 수 있는 발상의 전환이 필요하다는 것이다. 청소년들이 직면하고 있는 미래사회에 대한 대비에서 통일은 소홀히 다룰 수 없는 중요한 영역이다.

특히, 여기에서는 시민으로서 청소년이 갖추어야 할 역할과 기대에 대한 가능성을 살펴봤다. 청소년 시민들을 위하여 어떻게 평화통일을 준비할 수 있도록 할 것인가에 대한 시대적인 성찰과 전제를 살펴봤다. 빠르게 변화하는 사회의 모습은 기술변화가 불러온 피할 수 없는 모습이다. 이러한 미래사회의 변화에 대응하여, 우리 청소년들은 북한과의 평화공존의 가치를 높이 인식해야 한다는 점을 강조했다. 이러한 변화를 대비하기 위한 전략은 포용성과 상호이해이다. 그동안 북한과의 분단은 단절과 소외라는 분절적인 인식을 형성했다는 것이다. 이러한 단절을 넘어설 수 있는 본질적인 방법은 우리 청소년들이 북한에 대한 포용성을 넓힘으로써 서로를 포괄할 수 있어야 한다는 비전을 제시했다.

2. MZ세대의 특징

일반적으로 MZ세대는 밀레니엄 세대와 Z세대를 합쳐서 부르는 명칭이다. MZ세대의 특징을 두 가지 차원에서 구분해 볼 수 있는데, 1) 개인주의와 공정성의 중시, 2) IT환경에 익숙한 세대라는 점이다. MZ세대는 밀레니엄 세대와 그 뒤를 이은 Z세대를 통틀어서 지칭한다. 대체로 1980년 혹은 1981년 이후 출생한 세대를 지칭한다. 한 조사에 따르면, MZ세대는 국내 인구의 약 34%를 차지하고 있다(2019). 집단이나 사회를 중요하게 여기는 기성세대와 달리 자신의 만족을 중시한다는 특징을 갖고 있다.

첫째, MZ세대는 개인주의와 공정성을 중요시한다는 점이다. 기성세대가 민족이나 국가와 같이 집단적인 이익을 중요하게 인식했다면, MZ세대는 개인가치를 더욱 중요하게 생각한다. 그래서 국가와 같은 집단이 개인의 이익 침해에 민감하게 반응하게 된다. 사회와 개인의 관계에서도 이러한 공정과 불공정의 문제에 대해서 중요하게 인식하고 있다.

둘째, MZ세대는 인터넷 및 스마트폰에 매우 익숙하다. MZ세대는 인터넷의 발전과 초고속 통신망으로 구성된 앱 서비스의 실질적인 수요자이다. 이들은 이미 어려서부터 이런 첨단 매체를 사용해 왔다. 테크롤로지에 대한 수용성도 매우 높을 뿐만 아니라 정보 습득 및 처리속도 역시 매우 신속하다는 특징을 갖고 있다. 특히, 소셜미디어에 매우 친숙하다. MZ세대의 이런 특징을 고려해본다면, 이들이 가장 쉽고 편안하게 접근하는 매체는 기술지향적인 최신 매체라고 할 수 있다. 이 책에서는 실감미디어를 기반으로 MZ세대를 위한 통일교육 방법의 가능성을 검토하였다.

3. 실감미디어

실감미디어는 MZ세대가 가장 익숙하게 사용할 수 있는 매체 중의 하나이다. 실감미디어는 네트워크 등을 기반으로 오감에 의한 감각경험을 높일 수 있는 사실적인 경험을 제공한다. 우선 4장에서 매체의 역사를 통해서 의사소통 방법의 중요성을 확인했다. 매체는 사용자의 경험을 확산하고 교환하기 위한 수단적인 기능을 수행한다. 사회변화에 따라서 어떤 매체를 어떻게 사용하는지가 결정되었다. 문자를 통한 정보의 공유와 활용이 비약적으로 높아졌음을 알아봤다. 특히, 4차 산업혁명을 통해서 새로운 형태의 의사소통기술이 발달하면서 MZ세대의 매체활용 수준도 매우 다르게 변했음을 알 수 있다. 이제는 물리적인 거리나 공간의 제약을 극복하는 시대가 된 것이다.

그렇다면 이런 실감미디어의 성능은 어느 정도인가? 5장에서는 이런 장치적인 특징을 확인해 보았다. UHD TV에서부터 시작해서 홀로그램을 구현하는 장치에 이르기까지 다양한 장치의 성능현황 등을 살펴봤다. 이런 실감미디어는 증강현실이나 가상현실과 결합하여 더 생생한 체험을 제공할 수 있게 되었다. 웨어러블 장치나 홀로그램 등은 더욱 생생한 가상현실을 구현하게 되었다. 이러한 실감미디어는 개인 경험을 극대화할 수 있다는 장점을 갖고 있는데, 이것은 MZ세대의 특징과도 부합된다. 특히, 실감미디어가 소셜네트워크와 통합되어 사용할 수 있게 되면서 더욱 청소년들의 요구에 맞는 생생한 경험을 제공하고 있다.

이런 실감미디어를 교육적인 목적으로 활용한다면 어떻게 사용할 수 있을까? 6장에서는 이런 질문에 대한 해답을 알아본 것이다. 가상현실 구현 장치가 가장 대표적인 실감미디어 매체라고 볼 수 있다. 가상현실 기반의 실감미디어는 사실적인 체험을 제공해 줄 수 있어서 다양한 시뮬레이션에서 활용되고 있다. 의학교육이나 온라인 교육에서의 가상현실에 대한 활용과 관심이 높다. 특수교육 분야에서는 인지훈련과 같이 감각경험 중심의 교육에서 활발하게 적용하고 있다. 이런 실감미디어를 보다 효과적으로 적용하기 위해서는 학습맥락을 높이고, 자기주도성을 보장하면서, 협력적 학습상황이 될 수 있도록 해야 한다.

마지막 7장에서는 MZ세대의 평화통일 교육을 위한 방법으로 증강현실 기반의 콘텐츠 개발사례를 소개하고 있다. 기본적으로 MZ세대를 위한 교육방법에서는 엔터테인먼트적인 요소와 실감미디어의 감각적인 요인을 적절하게 결합하는 것이 효과적인 것으로 기대된다. 여기에 스토리텔링이 충분히 포함된다면 MZ세대들에게 적합한 교육방법이 될 것이다. 비록 그동안 우리는 국내외적인 정세의 변화에 따라서 통일의 개념과 방식이 바뀌어왔다. 요즘처럼 MZ세대와 기성세대의 관점 차이가 크게 나타날 경우에는 이런 차이를 극복하기 위한 적극적인 방안의 모색이 중요하다. MZ세대의 미래진로를 위한 다양한 탐색과정에서 평화통일이라는 중요한 사회적인 관심과 기대가 수렴될 수 있도록 만들어야 할 것이다.

4. MZ세대의 평화통일 교육

MZ세대를 위한 평화통일 교육방법으로 그 세대의 특징을 반영한 실감미디어의 활용방법을 살펴봤다. 매체중심적인 접근 방법은 정확한 의사소통을 효과적으로 공유하는 방법이 된다. 그렇다면 어떤 방법으로 평화통일 교육에 대한 정책과 논의를 확산시켜야 할 것인가? 실제 초중등 교육에서 다양한 방법의 통일교육이 시행되고 있다. 학교통일교육 연구대회 등을 통해서 실제 교육 현실에서 어떤 교육을 시행할 것인지에 대한 현장의 진지한 고민이 성장하고 있다.

그러나 MZ세대를 고려한 통일교육에서 가장 중요한 것은 평화통일에 대한 의지와 중요성을 스스로 발견하고 구성할 수 있도록 만드는 것이다. 특히, 기성세대에서 총체성과 보편성에 초점을 둔 통일교육을 실시했다면, MZ세대의 통일교육은 개별성과 다원성을 중시하는 방향으로 진행되어야 한다. 청소년들에게 평화통일의 문제는 자신들과 상관없는 일처럼 인식되고 있기 때문이다.

MZ세대에게 미래진로의 중요성을 강조하면서 통일 이후의 생활환경도 함께 고민해야 할 중요한 내용이라는 점을 강조할 필요가 있다. 시민으로서의 MZ세대가 갖추어야 할 토대가치를 스스로 찾을 수 있도록 해야 한다. 통일 이후의 시대를 대비하기 위해서는 서로에 대한 공감능력을 키울 수 있는 콘텐츠 개발이 무엇보다도 우선시되어야 한다. 평화통일 시대를 대비해서 가장 중요한 것은 지금의 청소년 세대이다. 왜냐하면 남과 북의 의사소통을 맡아야 할 시대의 주역은 바로 청소년 세대이기 때문이다. 이런 점을 고려한다면 서로에게 공감능력을 확대시킬 수 있는 세계시민교육이 기반이 된 통일직업관련 콘텐츠의 개발이 필요하다. 상호의존성을 이해하는 교육이라는 점에서 세계시민교육은 남과 북의 공동체적 해결방안을 모색하는 토대가 될 수 있을 것이다.

참고문헌

Bautista, N. U., & Boone, W. J. (2015). Exploring the impact of TeachME™ lab virtual classroom teaching simulation on early childhood education majors' self-efficacy beliefs. Journal of Science Teacher Education, 26(3), 237-262.

Christensen, R., Knezek, G., Tyler-Wood, T., & Gibson, D. (2011). SimSchool: An online dynamic simulator for enhancing teacher preparation. International Journal of Learning Technology, 6(1), 201-220.

Dalgarno, B., & Lee, M. J. W. (2010). What are the learning affordances of 3-D virtual environments? British Journal of Educational Technology, 41(1), 10-32.

Dalgarno, B., Gregory, S., Knox, V., & Reiners, T. (2016). Practising teaching using virtual classroom role plays. Australian Journal of Teacher Education, 41(1).

David (2018. 9. 4.). Augmented und Virtual Reality in der Ausbildung der Deutschen Bahn. ZRB.

Dawson, M. R., & Lignugaris/Kraft, B. (2017). Meaningful practice: Generalizing foundation teaching skills from TLE TeachLivE™ to the classroom. Teacher Education and Special Education, 40(1), 26-50.

Dede, C. (1995). The evolution of constructivist learning environments: Immersion in distributed, virtual worlds. Educational technology, 35(5), 46-52.

Dickey, M. D. (2003). Teaching in 3D: Pedagogical affordances and constraints of 3D virtual worlds for synchronous distance learning. Distance education, 24(1), 105-121.

Draper, J. V., Kaber, D. B., & Usher, J. M. (1998). Telepresence. Human factors, 40(3), 354-375.

Eifelzeitung (2019. 6. 10.). Die virtuelle Lehrwerkstatt.

Kim, D., & Blankenship, R. J. (2013). Using Second Life as a virtual collaborative tool for preservice teachers seeking English for speakers of other languages endorsement. Journal of Educational Computing Research, 48(1), 19-43.

Mahon, J., Bryant, B., Brown, B., & Kim, M. (2010). Using Second Life to enhance classroom management practice in teacher education. Educational Media International, 47(2), 121-134.

Nelson, B. C., & Erlandson, B. E. (2012). Design for learning in virtual worlds: Interdisciplinary approaches to educational technology. New York, NY: Routledge.

Rayner, C., & Fluck, A. (2014). Pre-service teachers' perceptions of simSchool as preparation for inclusive education: a pilot study. Asia-Pacific Journal of Teacher Education, 42(3), 212-227.

Schramm, W. (1954). How communication works. In W. Schramm (Ed.), The process and effects of mass communication. Urbana, IL: University of Illinois Press.

Shannon, C. E. & Weaver, W. (1964). The mathematical theory of communication. Urbana, IL: University of Illinois Press.

Slater, M., & Steed, A. (2000). A virtual presence counter. Presence: Teleoperators & Virtual Environments, 9(5), 413-434.

Wann, J., & Mon-Williams, M. (1996). What does virtual reality NEED?: human factors issues in the design of three-dimensional computer environments. International Journal of Human-Computer Studies, 44(6), 829-847.

강정구(1991), 「한국전쟁과 북한 사회주의 건설」, 『한국전쟁과 남북한 사회의 구조적 변화』, 경남대학교 극동문제연구소.

강준만(2004), 『한국 현대사 산책, 1950년대 편』 1권, 인물과 사상사.

개번 맥코맥(2006), 『범죄국가, 북한 그리고 미국』 (박성준 역), 이카루스 미디어.

김학재(2015), 『판문점 체제의 기원: 한국전쟁과 자유주의 평화 기획』, 후마니타스.

김한종(2013), 「평화교육과 전쟁사-모순의 완화를 위한 전쟁사 교육의 방향」, 『역사교육연구』 18권.

김흥수, 조수경(2019), 「문재인 정부의 통일교육-변화와 지속성 탐색」, 『도덕윤리 과교육』, 62회.

박보영(2009), 「평화역량 강화를 위한 교육 방안의 탐색」, 『교육사상연구』 23(1).

박종태, 김지효, 김문영, 이정현(2019), 「가상현실 기술을 활용한 치아발치 교육콘 테츠가 치아발치에 관한 지식, 수행능력 및 실습 만족도에 미치는 효과」, 『한 국콘텐츠학회논문지』 19(2), 650-660.

백낙청(2006), 『한반도식 통일, 현재진행형』, 창비.

서울대 통일평화연구원(2018), 『2018 통일의식조사』, 서울대 통일평화연구원.

이경주(2014), 『평화권의 이해: 개념과 역사 -분석과 적용-』, 사회평론.

이대훈(2020.10.15.), 「뉴노멀시대의 평화」, 한국교육개발원 강연 내용.

이태수, 주교영(2019), 「장애학생을 위한 가상현실 기반 중재프로그램에 대한 특 수교사의 인식 비교」, 『한국융합학회논문지』 10(6), 113-120.

이혜숙(2006), 「청소년 용어 사용 시기 탐색과 청소년 담론 변화를 통해 본 청소 년 규정 방식」, 『아시아교육연구』 7권 1호.

장상환 외(1994), 『한국 사회의 이해』, 지이 대학총서 1.

전황수(2019), 「가상현실(VR)의 의료분야 적용 동향」, 『전자통신동향분석』 34(2), 19-28.

정지웅(2005), 「정치교육으로서의 통일교육 내용과 변화분석」, 『한국교육』, 32권 3호, 269-272.

최양근(2013), 「한반도 평화공존 통일과 통일교육의 미래」, 『2019 학술세미나 한 반도 평화와 남북교류 자료집』 47.

통일교육원(2020), 2019 학교통일교육 실태조사 결과보고서. 민주평화통일위원회, 통일정책 추진에 관한 2020년 3차 정책건의.

한만길(2019), 「평화통일교육의 방향과 내용고찰」, 『평화통일정책연구』, 28권 1호, 138-139.

한성훈(2020), 『평화와 북한 역사(정치) 속의 한국전쟁. 한국전쟁의 가려진 이야기 들 어떻게 가르칠까』 자료집.

허준영, 노혜란(2019), 「가상훈련 콘텐츠를 사용한 온라인 교육의 사례 연구」, 『실천공학 교육방법론』 11(1), 1-8.

한국청소년개발원(2004), 『청소년심리학』, 교육과학사.

헌법재판소(2006), 2005헌마268 전원재판부.

이동현(2019.4.19.), 아이언맨'의 가상현실, BMW 공장에 등장했다. 중앙일보.

Immersive Learning News(2019.6.20), Mittels VR-Brille die Berufswelt entdecken.

찾아보기

저자소개

오종현
전남대학교 인문대학 국문과(문학사)
전남대학교 인문대학 사학과 석사
전남대학교 인문대학 사학과 박사
전남대학교 호남학연구단 연구원
현 호남사학회 정보이사
현 전남대학교 교육문제연구소 박사후 연
　구원

강구섭
성균관대학교 교육학과(학부, 석사)
독일 베를린 훔볼트 대학교 교육학부(철
　학박사)
성균관대, 광운대 강사
한국교육개발원 통일교육연구실장
교육부, 통일부 정책자문위원
현 한독교육학회 편집위원장
현 전남대 사범대학 윤리교육과 교수

김병연
서울대학교 사범대학 윤리교육과(문학사)
한국교원대학교 대학원 윤리교육과 석사
서울대학교 대학원 윤리교육과 박사
현 서울특별시교육청 평화·세계시민교육협
　의체 위원
현 민주평화통일자문회의 위원
현 양재고등학교 교사

류지헌
고려대학교 사범대학 교육학과(문학사)
고려대학교 사범대학 교육학과 석사
미국 Florida State University 교육공학
　박사
현 전남대학교 교육학과 교수
현 전남대학교 교육문제연구소장
현 실감학습융합연구센터장

윤헌철
공주대학교 사범대학 역사교육과 문학사
미국 Northwestern State University of
　Louisiana 교육학석사
미국 Northern Illinois University 교육공
　학박사
현 전남대학교 교육문제연구소 연구교수

임태형
전남대학교 사범대학 국어교육과 문학사
전남대학교 일반대학원 교육학석사
미국 Florida State University 교육공학
　박사
현 전남대학교 교육문제연구소 연구교수

정경호
전남대학교 국사교육과 학사
순천대학교 교육학 석사
전 전남교육청 역사교사
22기 통일부 통일교육 위원
2기 국립 통일교육원 공공부문 통일교육
　강사

실감미디어 시대의 통일교육

초판발행	2021년 11월 12일
지은이	오종현 · 강구섭 · 김병연 · 류지헌 · 윤헌철 · 임태형 · 정경호
펴낸이	노 현
편 집	탁종민
기획/마케팅	이후근
표지디자인	이미연
제 작	고철민 · 조영환
펴낸곳	㈜ 피와이메이트
	서울특별시 금천구 가산디지털2로 53, 210호(가산동, 한라시그마밸리)
	등록 2014. 2. 12. 제2018-000080호
전 화	02)733-6771
f a x	02)736-4818
e-mail	pys@pybook.co.kr
homepage	www.pybook.co.kr
ISBN	979-11-6519-158-0 93370

copyright©류지헌 외, 2021, Printed in Korea

정 가   11,000원

박영스토리는 박영사와 함께하는 브랜드입니다.